2022

피할 수 없는

부채
위기

Debt Crisis

2022 피할 수 없는
부채 위기

부동산과 주식 시장의
폭락에 대비하라!

| 서영수 지음 |

에이j지이십

Contents

Chapter
3

브레이크 없이 질주하는
주택시장 전망

Chapter

6

부채 주도 경제에서 탈피하는 법

Prologue

부동산시장 안정화는 공급 확대와 수요 억제 정책으로 나뉜다. 선거를 앞두자 야당뿐만 아니라 이제는 여당마저 공급 확대 방안으로 집값을 안정화하겠다고 한다. 정책 효과를 떠나 그만큼 공급 확대는 대다수가 좋아하는 인기 있는 정책이다. 일정 수준 주택을 공급하면 건설 투자 및 소비 확대에 기여해 내수 경기에 긍정적이다. 무주택자는 상대적으로 저렴한 가격에 집을 살 수 있고, 유주택자는 주택 가격 상승 기대감을 유지할 수 있다. 그런데 정부가 재정으로 국민에게 집을 무료로 제공해줄 가능성은 없다. 그렇다면 구매 능력이 없는 무주택자는 과도한 빚으로 집을 사야 한다. 결국 정부는 국민의 이자 부담을 덜어주기 위해 금리를 낮췄고, 대출 만기를 늘려주는 정책을 취했다. 따라서 대출이 늘어났고, 늘어난 유동성은 또 다시 집값 상승을 부채질해 한국은 세계에서 가장 가계부채 위험이 높고 집값이 제일 많이 오른 나라가 되었다. 이 방안이 지금까지 역대 정부가 일관되게 해온 '부채 주도 성장 정책'이다.

반면에 수요 억제 정책은 빚을 줄이고, 세금을 올리고, 과소비를 억제하는 '구조조정 정책'이라 할 수 있다. 모두에게 꼭 필요한 정책이지만 별로 좋아하지 않는다. 집값 하락을 바란다면 투기성 대출과 소비성 대출을 줄여야 하지만, 내 집의 가격이 하락하고 대출한도가 줄어드는 것은 인내하기 어렵기 때문이다. 뿐만 아니다. 과도하게 부동산에 의존된 경제이다 보니 투자, 소비, 고용 등 내수 전반에 걸쳐 치명적이고 금융 부실화 위험까지 높아져 정부 스스로도 구조조정을 미루고 싶어한다. 하지만 부채 위험은 더 이상 감내하기 어려울 정도로 커진 시한폭탄이어서 누군가는 뇌관을 제거하지 않으면 안 된다. 우리의 미래, 자녀 세대를 위해 부채 구조조정은 피할 수 없는 선택지가 되었다.

문재인정부도 처음에는 부동산시장 안정화 정책으로 부채 구조조정 방안을 선택했다. 정책의 핵심은 2018년 9.13 대책이다. 기준금리를 올리고 LTV 규제와 함께 처음으로 DSR을 도입했고, 다주택자에 대한 세제를 강화했다. 여기에 IFRS9을 도입해 한계 기업에 구조조정을 추진했고, 한계 채무자에 채무조정 활성화 정책 등 은행 주도 구조조정을 위한 다양한 정책을 마련했다. 그 결과 6개월 만에 주택시장이 하향 안정화되는 성과를 거두었다. 2019년 9월 발간한 필자의 책 〈대한민국 가계부채 보고서〉는 이런 정부 정책의 내용을 주제로 썼다. 이 책에서 필자는 보다 더 본질적 구조 재편의 필요성을 피력했고, 정책을 지속하는 동안 일어날 수 있는 장애 요인, 즉 실패 가능성도 설명했다. 단순히 일시적으로 부채를 줄여 집값을 안정시키는 것이 아니라, 경제 개혁을 통해 부채 의존적 경제 체제에서 벗어나야 한다고 주장했다. 부채 주도 성장의 기반이 되었던 부채, 부동산, 소비 자물가지수 관련 통계를 재정비해야 하고, 부동산시장 투명화를 위한 별도의 감독기구를 설립하고 금융 구조 개편을 통해 은행 주도 구조조정의 추진을 권고했다. 그러나 우려했던 대로 정부의 부채 구조조정, 즉 경제 개혁은 1년도 지나지 않아 좌초하고 말았다.

정부는 경제팀을 교체하면서 구조조정과 연관된 모든 정책을 연기 또는 수정했다. 사실상 구조조정을 통한 부동산시장 안정화를 포기하고 다시 금리 인하와 같은 경기부양책으로 변경한 것이다. 구조조정의 필요성과 성공을 위해 대안을 제시한 것이 〈대한민국 가계부채 보고서〉를 발간한 취지였는데 오히려 집값 부양을 위한 명분으로 쓰여진 것 같다.

2년 만에 정부는 기준금리를 올리고, 대출한도를 줄이는 등 정책 기조를 변경하려는 것으로 보인다. 더 이상 늘어난 부채 위험과 집값 폭등을 방관할 수 없다는 판단에서였을까. 아마도 이번이 정부 주도로 부채 구조조정을 추진할 수 있는 마지막 기회라는 판단일 수도 있다. 그럼에도 정부의 대응은 2018년 경제팀의 구조조정 정책과 비교해 체계적이지도 총체적이지도 못하다. 반면 2년 전보다 훨씬 부동산 버블과 부채 위험이 커진 상황으로 경제의 체질을 개선할 부채 구조조정의 성공 가능성은 더욱 낮아졌다. 즉 한 치의 오차도 없이 정확히 부채 위험을 진단하고, 이에 맞는 적절한 대책과 경제 개혁이 이루어져야 구조조정이 위기를 심화하는 사태로 확산되는 것을 막을 수 있다는 뜻이다. 이 책은 첫 책인 〈대한민국 가계부채 보고서〉의 사실상 후속 편이다. 지난 사례를 반면교사 삼아 부채 구조조정에 필요한 현실을 정확히 진단하고, 이에 따른 적절한 대안을 내놓았다. 필자가 보기에도 이번이 마지막 기회라고 생각된다. 이번에도 실패한다면 아마도 한국은 일본과 같은 부채 과다 저성장 국가로 전락할 것이다. 조금이나마 이 책이 부채 구조조정에 기여하기를 바란다. 일반 독자 역시 현실의 정확한 진단을 통해 향후 발생할 수 있는 위기의 가능성을 고려해 자산 관리를 할 것을 권고한다.

1장에서는 부채의 실상과 함께 우리의 부채에 대한 이해 수준을 중심으로 살펴보았다. 시장이 알지 못하는 부채 위험을 최대한 속속들이 찾고 위험이 증가한 원인도 파악해 최대한 부채 위험을 본질적으로 이해하도록 했다. 환자에게 가장 시급한 것은 질병의 정확한 진단이듯이 부채의 위험을 정확히 이해해야만 이에 맞는 적절한 해결책을 제시할 수 있다.

2장과 3장은 주택시장의 상황과 전망을 다뤘다. 우리가 관심을 갖는 것은 투자자의 투자 위험도와 이를 통해 집값이 언제, 얼마나 하락하는지 알아내는 것이다. 자산의 버블이 가속화되는 시점에서의 고점은 투자자의 투자 위험이 극대화되어 더 이상 위험을 늘리기 어려운 시점일 가능성이 높기 때문이다. 구체적으로 2장에서는 주택 가격이 상승하는 이유, 주택을 매수하는 주체와 그들의 투자 위험을 주로 분석했다. 3장은 향후 발생할 주택시장을 전망했다. 앞으로도 상당 기간 집값이 오를 수밖에 없는 이유와 정부 정책의 기여도를 설명했다.

4장은 집값이 하락 반전할 수 있는 요인 분석을 통해 집값의 고점 시기를 예측했다. 더욱이 집값 하락 요인이 될 수 있는 미국 기준금리 인상에 따른 영향과 전세시장의 변화 등을 분석했다. 정부 주도 구조조정은 집값 상승 국면에 더 효과적이므로 집값의 고점 예측은 무엇보다 중요하다. 정부 주도 구조조정이 성공하려면 주택 가격 하락 시에 발생할 수 있는 부채 위험, 나아가 위기의 가능성에 대한 진단이 필요하다. 우리가 생각하지 못한 상가, 토지 등의 수익형 부동산과 비은행, 중소법인 등의 부채 위험도 분석했다. 결코 위기는 예고된 곳에 오지 않는다.

5장은 구조조정의 대안을 살펴보았다. 정부 주도의 구조조정은 결코 쉬운 정책이 아니다. 성공적인 구조조정을 위해서는 기존과 다른 정책이 필요하다. 아울러 주택 가격 안정화에 필요한 대책과 부채를 증가시키지 않고 주택 공급을 늘릴 수 있는 방안을 살펴봤다.

6장은 부채 주도 성장 정책, 즉 빚의 덫에서 구조적으로 벗어날 수 있는 방안을 제시했다. 한번 도박의 늪에 빠져들면 설령 그만두었다 해도 또 다시 손을 대기 쉽다. 마찬가지로 성공적으로 부채 구조조정을 했어도 위기를 모면하면 또 다시 경기부양을 위해 부채 주도 성장 정책을 선택하는 경우가 흔하다. 경제의 근본적 개혁 없이는 부채 주도 성장 정책에서 벗어날 수 없다는 뜻이다. 필자는 대안으로 미국과 같은 선진국 사례에서 해답을 찾았다.

필자는 다른 누구보다 독특한 경험을 가지고 있다. 애널리스트직을 잠시 그만두고 3년간 미국에서 금융 서비스 사업을 경영한 적이 있다. 사업의 특성상 미국의 많은 소상공인, 중견 기업 CEO와 친분을 가질 수 있었는데 그 과정에서 미국인의 삶과 금융업, 자영업, 부동산시장, 나아가 미국의 경제, 사회 문제 등을 이해할 수 있었다. 이 책에서 언급한 미국 등 해외 사례를 기반으로 한 대안은 많은 자료뿐만 아니라 3년간 미국에서의 실제 사업 경험이 중요한 토대가 되었다.

아무나 하기 어려운 경험을 가질 수 있게 물심양면 도와준 장경덕 대표, 흔쾌히 허락해주고 도와주신 김익래 회장님, 이현 사장님, 박연채 부사장님께 다시 한 번 감사의 말씀을 드린다. 아울러 휴일을 잊고 늘 회사만 찾았던 필자를 이해해주고 응원해준 사랑하는 아내와 딸, 아들에게 고마움을 전한다.

Debt
Crisis

한국의
가계부채
정말
위험한가
?

01

우리에게
빚이란
무엇인가?

필자는 2019년 9월 〈대한민국 가계부채 보고서〉를 통해 가계부채의 실체와 구조적 문제점을 지적한 바 있다. 발간한 지 2년이 지났으나 달라진 점은 많지 않다. 가계부채에 대한 통계의 오류는 여전히 개선되지 않았고, 부채 증가를 이용한 정부의 경기부양 기조 역시 그대로다. 그 결과 대출 급증으로 인한 집값 급등 현상은 브레이크 없이 질주하는 기관차와 같은 양상마저 보이고 있다. 결국 누가 나서서 기관차의 속도를 늦춰 세울지, 아니면 글로벌 위기 과정에서 동반하여 터지는 시한폭탄이 될지 지켜보기만 해야 할 상황이다. 그럼에도 그 실태를 모른다는 것은 자체가 위험이고 위기를 증폭시킬 수 있다. 따라서 가계부채 위험의 현황부터 짚어보고자 한다.

빚, 즉 대출금은 우리에게 없어서 안 될 존재다. 평생을 소비하는 집인데 수억 원에 달하는 아파트를 직장인이 현금으로만 산다면 은퇴할 시점이 되어서야 가능할 것이다. 그러나 30년 만기 주택담보대출을 이용하면 직장에 들어간 지 5~10년 만에 내 집을 살 수 있다. 일자리를 잃으면 대출금으로 생활 자금을 충당할 수도 있고, 암에 걸려 수천만 원의 수술비가 없어 생명이 위태로울 때 대출금은 생명의 은인 같은 존재가 되기도 한다. 뿐만 아니다. 당장 현금이 없어도 원하는 물품을 신용카드로 구매할 수도 있고, 심지어 수천만 원 하는 자동차도 약간의 현금만 있다면 빚을 이용해 쉽게 살 수 있다.

빚은 기업에게도 꼭 필요한 존재다. 대출이 없다면 아무리 좋은 사업모델을 갖고 있더라도 투자 기회를 포기할 수밖에 없다. 또한 천재지변, 경영 환경의 변화 등 경영 자금이 일시적으로 부족해지면 대다수 기업이 이를 버티지 못하고 파산에 처할 수도 있다. 대출이라는 금융 상품을 제공하는 금융회사가 없었더라면 우리가 쓰고 있는 각종 신제품이나 서비스 개발 등은 꿈으로 끝났을지도 모른다. 빚은 우리의 삶에 있어서 없어서는 안 될 소중한 생명수와 같은 존재인 것이다.

이번에는 좀 더 관점을 넓혀보자. 국가 경제 관점에서 부채를 보면 또 다른 의미를 얻을 수 있다. 대출이 있기에 기업은 수익을 낼 수 있는 곳에 투자할 수 있다. 투자를 통해 얻은 수익으로 많은 고용을 창출할 것이며 새로운 투자 기회를 만들 것이다. 우리는 선진국과 후진국 간 소비 수준의 차이를 소득 때문만으로 알고 있다. 그러나 실상은 금융의 성숙도 차이에서 비롯되기도 한다. 아프리카 저개발 국가에서는 대출을 이용해 집과 차를 사는 것도, 암 수술을 하는 것도 사실상 불가능에 가깝다. 설령 가능하다 하더라도 부담하기 어려운 막대한 이자 비용을 감수해야 한다. 중국, 베트남 등 많은 개도국이 가파른 경제 성장을 달성할 수 있었던 것 역시 금융의 성장, 즉 대출이 증가하면서 투자와 소비가 늘어났기 때문이다. 더욱이 한국처럼 기업의 투자가 국내총생산의 1/4에 달하는 나라에게 빚이란 존재는 절대적으로 중요할 수밖에 없다.

그렇다고 빚이 정말 우리에게 언제나 좋기만 할까? 언젠가는 갚아야 하기 때문에 지나치게 쓰다가 갚아야 할 시점에 갚지 못하면 엄한 대가가 따른다. 대출을 쓰다가 이자를 갚지 못하면 고금리의 연체 이자를 부담해야 하고, 일정 기간이 지나도 갚지 못하면 원금까지 한꺼번에 갚아야 한다. 이뿐만이 아니다. 집을 담보로 대출을 받은 상황에서 이자를 갚지 못하면 더 심각해진다. 일정 기간까지 원리금을 갚지 못하면 살고 있는 집을 은행에 빼앗기기도 한다. 시세 대비 20~30% 이상 낮은 경매 가격에 연체 이자와 경매 비용을 빼고 나면 LTV(담보인정비율)가 충분히 높아도 정작 하나도 못 챙기고 쫓겨나는 경우가 허다하다.

또한 신용 사회로 발전하면서 빚을 갚지 못해 생기는 피해는 상상을 초월한다. 대출을 제때 갚지 못했다는 이유로 신용등급이 하락하고, 신용대출뿐만 아니라 신용카드 등 여타 금융 서비스도 순식간에 중단된다. 그동안 빚을 통해 얻었던 모든 혜택이 한순간에 물거품처럼 사라지는 것이다. 다시 말해서 빚을 제때 갚지 못한다면 개인은 순식간에 한계 계층으로 추락해 파멸에 이를 수도 있다. 빚은 물과 같은 자유재가 아니라 필요하지만 남용하면 반드시 대가가 돌아오는 중독성이 높은 '향정신성의약품' 같은 존재다.

02

경제의 부를
결정짓는 빚은
어떻게
결정되나?

일반적으로 자동차와 같은 재화의 생산량은 제품 가격으로 결정된다. 수요가 늘어나 가격이 오르면 제조업체는 공급을 늘리고, 가격이 올라 수요가 줄어들면 공급을 줄일 것이기 때문이다. 그러나 경제 주체에 꼭 필요한 필수재와 같은 대출은 어떤 나라에서도 가격(금리)만으로 공급량이 결정되지 않는다. 누군가에게는 수억 원, 수십억 원을 저금리에 대출해주지만, 다른 누군가에게는 기존 대출자의 몇 배의 금리를 지불한다고 해도 천만 원의 대출을 거절한다. 때로는 10억 원 대출이 1천 만원 대출보다 손실 발생 위험이 더 커도 상식적으로 납

득하기 어려운 차별적 대출 서비스를 제공하기도 한다. 경제학적 논리로는 납득할 수 없는 일이 비일비재하다.

대출이라는 상품이 다른 재화와 다르게 결정되는 것은 크게 두 가지 이유 때문이다.

먼저 금리가 아무리 높아도 만기에 원금을 갚지 못하면 은행은 손실을 볼 수 있다. 왜냐하면 금리 수준이 상환 능력을 결정짓기도 하기 때문이다. 일정 구간에서 금리가 오르면 대출을 더 많이 제공할 수 있지만, 일정 구간을 넘어서 계속 오르면 대출자의 채무 불이행 위험이 높아져 은행은 대출금을 줄이거나 거절한다. 은행은 채무 불이행에 따른 대손 비용뿐만 아니라 인건비, ATM 설치비, 지점 관리비 등 고비용을 부담해야 하는 사업이다. 이런 까닭에 은행과 거래를 오래해 신용등급이 높고 대출 규모가 큰 자산가, 대기업 정규직 직원, 공무원 등을 우량고객으로 분류해 그들에게만 더 낮은 금리로 더 많은 대출을 제공하는 것이다. 이런 현상은 기준금리가 낮아져 대출금리가 떨어질 때 더욱 심하게 나타난다. 예를 들어 대출금리 2.5%에서 조달 비용 1%를 빼면 순이자 마진이 1.5%에 불과한데 인건비, 전산 운용비, 지점 관리비 등의 경비는 1%대로 전체 순수익의 2/3를 넘는다. 실상 1천만 원짜리 대출 1건과 10억 원짜리 대출 1건을 실행하는 데 드는 비용은 큰 차이가 없다. 따라서 대출금리가 낮아질수록 은행은 가능한 건당 대출 규모가 큰 것을 선호한다. 즉 소득과 같은 상환 능력에 비해 대출 규모가 커져 잠재적 위험이 더욱 늘어나도 은행은 당장 부실이 생기지 않는다면 대출금을 고위험 자산에 투자한 고액 자산가나 직장인에게 수억 원에서 수십억 원의 대출을 저리로 제공하는 것이다. 그야말로 그들만의 리그인 시장이다.

그런데 이 대출금을 주택에 투자한다고 해보자. 김 과장은 2017년 말 현금 3억 원과 주택담보대출, 신용대출 등 대출금 10억 원을 이용해 마포의 84제곱미터 아파트를 매입해서 2019년 말 20억 원에 매도했다고 가정하자. 3억 원으로 7억 원을 번 것이다. 이뿐만이 아니다. 김 과장은 임대사업자대출, 신용대출 23억 원과 벌어들인 현금 7억 원으로 30억 원짜리 변두리 꼬마빌딩을 매입했다. 그 빌딩이 2년 만에 50억 원으로 올라 그 가격에 매각했다. 세금을 무시하면 김 과장은 4년 만에 은행의 도움으로 현금 2억 원을 가지고 27억 원을 번 것이다. 서울 평균 소득자가 월급으로 평생 안 쓰고 모아도 만들 수 없는 돈을 단 4년 만에 큰 노력 없이 번 것이다.

그렇다면 모두가 김 과장이 될 수 있을까? 먼저 부동산시장 정보와 정부 정책 등에 해박한 지식이 있어야 하고, 대출금 10억 원을 은행에서 빌릴 수 있어야 한다. 개인사업자대출, 신용대출 등을 포함해 10억 원의 대출을 빌릴 수 있는 신용도를 가진 고객은 대부분 고액 자산가나 고소득층, 공무원 등 안정적인 직업을 가진 사람일 것이다. 만일 그들에게만 대출이 제공된다면 집값 상승의 혜택은 당연히 자산가와 고소득자 등 특정 계층에게 돌아갈 수밖에 없다.

문제는 이것으로 끝나지 않는다. 집값이 오르면 전월세 등 임대료도 시차를 두고 같이 오른다. 가계 소비에서 가장 높은 비중을 차지하는 주거비가 급등한다는 것은 집을 가진 자산 소득자와 집을 가지지 못한 임금 소득자 사이에 실질소득 격차가 늘어나는 것과 같다. 대출을 얼마나 쉽게 많이 받을 수 있느냐에 따라 평생 월급으로는 모을 수 없는 돈을 개인이 몇 년 만에 벌어 부유층으로 올라가기도 하지만, 그 혜택을 받지 못하는 개인은 서민으로 전락하기도 한다. 최근 집값이 급등하자 많은 직장인이 벼락거지라는 말을 서슴지 않고 꺼내는 것도 같은 이유에서다. 이처럼 빚은 개인에게 꼭 있어야 할 존재지만 많은 피해도 줄 수 있는 너무나 큰 힘을 갖고 있다.

이제 시야를 바꿔보자. 미국의 경제학자인 어빙 피셔Irving Fisher의 현금 잔고 방정식에 따르면, 한 해의 경제 규모PY는 통화량M과 화폐 유통 속도V와 같은 방식으로 결정된다. 화폐 유통 속도가 일정 기간 안정적인 점을 생각하면 사실상 단기적으로 경제 규모는 통화량에 의해 결정된다고 볼 수 있다. 그렇다면 통화량은 어떻게 결정될까? 화폐공급 이론에 따르면 통화량은 본원통화를 기반으로 한 신용창조에 의해 결정된다. 신용창조란 대출을 통해 늘어난 돈을 말하는 것으로, 결국 빚이 경제 규모도 결정지을 수 있다는 말이다.

그런데 앞서 설명했듯이 대출금은 모든 경제 주체에게 공평하게 배분되지 않는다. 정부가 경기부양을 위해 유동성, 즉 빚을 늘리는 정책을 펼치면 그 빚이 특정 계층에 집중됨에 따라 빈부 격차는 더욱 확대되고 만다. 정부 스스로 국민의 재산 보호라는 의무에 역행하는 것이다. 뿐만 아니라 또 다시 빚을 이용하는 순간 정부 역시 '빚이라는 악순환의 덫'에 빠져든다. 이처럼 빚의 남용으로 감당하기 어려운 빚이 쌓이면 결국 언젠가는 한꺼번에 상환 요구에 봉착할 것이며, 결

국 가계뿐만 아니라 정부도 파산하고 만다. 빚이 개인뿐만 아니라 정
부에게도 향정신성의약품과 같은 존재로 다가올 수 있다는 뜻이다.

03

한국의 가계부채는 얼마나 되나?

앞서 설명했듯이 제대로 갚을 수만 있다면 대출은 현대 문명 사회에서 엄청난 혜택을 주는 재화다. 그러나 빚을 남용하면 우리에게 엄청난 저주를 퍼붓는다. 따라서 빚의 남용 여부를 판단하는 것은 개인, 기업, 정부 등 모든 경제 주체에게 매우 중요한 사안이라 할 수 있다. 부채의 위험을 제대로 파악하고 관리하려면 먼저 가계부채의 정확한 정의가 필요하다. 더욱이 한국의 금융 체계는 금융당국이 대출을 직간접적으로 규제하는 은행 기반의 경제 시스템에 가깝다. 따라서 부채의 과용 여부를 판단할 만한 정확한 통계 지표 여부는 위험을 제대로 관리해 부채의 남용을 막는 규제 정책의 가장 중요한 요건이 된다. 부채의 과용에 따른 위험을 파악하기 위해 부채를 정의하는 것인데, 편의상 일부 부채를 축소하거나 제외한다면 금융당국의 감독이 제대로 이루어지지 않은 결과 부채를 남용하는 사례가 발생할 수밖에 없다.

한편 OECD와 같은 국제기구는 채무자의 채무 불이행 시에 가계가 책임져야 할 모든 채무를 가계부채로 정의한다. 만일 부채를 측정하기 어렵거나 상당한 시간이 소요된다면 상황을 설명하고, 별도의 추정치를 제공함으로써 부채의 과용 여부를 판단할 수 있도록 해야 할 필요가 있다. 한국 역시 금융 안정을 책임지는 한국은행이 가계신용과 개인금융부채를 가계부채로 정의해 정기적으로 집계하고 발표하고 있다. 가장 보편적으로 이용되는 통계인 가계신용은 은행의 가계대출금과 신용판매를 합친 것으로 2021년 3월 말로 1,765조 원에 달한다. 개인금융부채는 한국은행 자금순환표 상의 부채 통계 중 하나다. 이는 가계신용에 소규모 개인사업자와 비영리단체 채무를 포함한 것으로 2021년 3월 말로 2,052조 원에 달한다. 지금까지 한국은행은 가계부채 자료로 국내 보고용으로는 가계신용을, 대외 보고용으로는 개인금융부채를 이용하고 있다.

그렇다면 왜 우리나라에는 가계부채를 설명하는 통계가 두 개가 있을까? 이 가운데 가계부채의 남용 여부를 제대로 설명할 수 있는 통계는 무엇일까? 금융 및 경제 관련 분야에서 반복적으로 나타나는 현상인데 어느 전문가도 이에 대해 설명하지 않는다. 필자는 어느 것도 가계부채 위험을 파악할 수 있는 정확한 통계가 아니라고 생각한다.

가계신용은 자금의 용도에 따라 대출을 분류하기 위해 만든 통계다. 자금의 용도가 사업이 주된 목적인 대출 상품은 기업대출로, 주택 구매 등 소비 용도가 주된 목적인 대출은 가계신용으로 분류한 것이다. 이런 이유로 개인이 상환 책임이 있는 개인사업자대출을 용도에 맞춰 기업대출로 분류하고 가계부채에서 제외했다. 개인금융부채 역시 가계부채 위험 평가 지표와는 거리가 있다. 이 통계는 자산의 성격에 따라 가계와 기업을 분류한 것으로 복식부기 대상 개인사업자는 기업으로, 그렇지 않으면 개인으로 분류했다. 분류 기준상 가계부채 위험을 파악하려는 의도와는 거리가 멀다. 결국 위험을 제대로 파악할 수 있는 가계부채 통계는 부채 위험을 관리하는 당국이 가지고 있지 않다는 뜻이다.

미국 등 가계부채가 상대적으로 적은 선진국은 부채의 정확한 통계 자료를 토대로 많은 투자자와 전문가가 위험을 평가해 가격화하고 있다. 즉 시장의 위험 평가를 받아들여 이에 맞게 정책을 수정할 수 있도록 자정 기능 역할을 하고 있는 것이다.

그러나 한국은 다르다. 일반인뿐 아니라 정치인, 심지어 전문가마저 가계부채의 정의로 가계신용과 개인금융부채를 자신의 편의에 따라 혼용해 사용했다. 금융당국 또한 그들의 편의에 따라 부채를 정의하고 사용해왔다. 즉 부채 규모를 적게 보이고 싶을 때는 가계신용을, 여타 선진국과 비교할 때는 어쩔 수 없이 개인금융부채를 사용했다. 결과적으로 이렇게 방치된 부채 정의의 혼용은 부채를 남용하는 결정적인 역할을 했다. 얼마 전의 일이다. 한국은행에서 2020년 말 가계신용이 1,726조 원이라고 발표하자 주요 언론사는 가계 빚(부채)이 사상 최대를 기록했다고 주요 뉴스로 보도했다. 다음은 2월 23일자 〈매일경제신문〉 기사를 요약한 내용이다.

> "23일 한국은행은 지난해 4분기 말 가계부채가 1,630조 원으로 3분기 말 대비 44.5조 원 증가했다고 밝혔다. 국제금융협회가 집계한 지난 4분기 GDP 대비 가계부채 비율은 102.8%로 사상 처음으로 100%를 돌파했다. 주요국 중 GDP 대비 가계부채 비율이 압도적 1위다."

가계부채 정의로 가계신용을 인용하다가 GDP 가계부채 비율에는 별다른 근거나 이유도 없이 개인금융부채를 갖다 썼다. 뿐만 아니다. 유명 경제학자이자 야당 유력 대선주자인 모 전 의원이 언급한 내용이다.

> "2020년 말 가계신용이 1,726조 원, 가계부채(가계대출)는 1,630조 원으로 둘 다 126조 원씩 늘어났다. GDP 대비 가계부채 비율은 102.8%로 주요국 중 1위라는 사실은 우리 경제의 시한폭탄임을 말해준다."

한국의 2020년 명목 국내총생산GDP 규모가 1,933조 원인 점을 생각하면 가계부채는 1,987조 원이 되어야 하지만 정작 가계신용, 나아가 가계대출을 가계부채로 정의했다. GDP 대비 가계부채 비율을 84.3%로 정정하든지, 아니면 개인금융부채를 가계부채 정의로 이용해야 했다. 단순 오류라기보다 부채 정의에 대한 이해 부족 때문에 발생한 사례로 보인다. 이처럼 해서는 안 되는 심각한 실수를 여론을 주도하는 언론인뿐만 아니라 경제학자, 정치인까지 범하고 있다면 이것은 한 개인의 책임으로만 치부하기 어렵다.

정부의 공식 통계인 가계신용과 개인금융부채가 가계부채의 남용 여부를 판단하는 가계부채 지표로 부적합한 이유를 하나씩 짚어보자. 가장 큰 이유는 두 통계 모두 중요한 부채가 일부 또는 전부 빠져 있어 부채의 과도한 수준 여부 자체를 판단하기 어렵다는 것이다. 가계신용에는 2021년 3월 GDP의 28%에 달하는 514조 원 규모의 개인사업자대출을 전혀 포함하지 않았고, 개인금융부채에는 개인사업자대출의 절반인 254조 원[*]이 빠졌다. 여기에 주택, 상가, 꼬마빌딩, 땅 등 수익형 부동산과 주식 등 유가증권을 투자하는 데 있어 규제를 피하기 위해 법인 명의로 빌린 비주택담보대출과 유가증권담보대출 등도 가계부채에서 제외되었다. 은행, 상호금융, 저축은행 등 중소법인 대출금의 상당액이 가계성 대출로 추정된다. 또한 부채의 과용 여부를 평가할 가장 중요한 채무인 임대보증금채무가 개인 간 사적 채무라는 이유로 빠졌다. 통계청의 가계금융복지조사를 통해 추정한 임대보증금 규모는 GDP의 44%인 864조 원에 달한다. 최근 서울에서 주택을 구매할 때 사용하는 임대보증금채무는 전체 자금 조달

---

[*]　　복식부기를 적용한 개인사업자대출은 기업대출로 분류함.

의 52%*를 차지하는 사실상 가장 중요한 부채다.

따라서 가계성 법인 채무를 제외하더라도 전체 가계부채에서 가계신용은 44%가, 국제 비교 통계인 개인금융부채는 35%가 누락된 것이다. 가계부채 통계의 절반 가까이가 누락되었다면 단순 부채 통계의 오류를 넘어 위험을 평가하는 지표로서 의미를 상실해 경제 주체가 아무런 경계심 없이 부채를 과용하도록 방치했다 해도 과언이 아니다.

그렇다면 위험을 평가할 수 있는 가계부채 규모는 얼마나 될까? 누락된 개인사업자대출과 임대보증금채무**를 반영할 경우 2021년 3월 말 기준 전체 가계부채는 GDP의 162%인 3,170조 원으로 추정된다. 더욱이 전체 가계부채 규모는 추정치보다 훨씬 클 가능성이 높다. 은행 전세자금대출이 최근 5년간 275%나 증가했고, 정확히 산출하기 어려운 은행과 비은행의 가계성 법인대출 또한 상당 수준에 달할 것으로 추정되기 때문이다.

---

*   2020년 3월부터 2021년 7월까지 서울에서 주택을 구매한 가구의 자금 조달 계획서 상의 통계 자료로 민주당 천준호 의원 보도자료.

**   통계청 가계금융복지조사 상의 가계부채 비중을 적용하여 추정.

04

예고된
위기는
오지
않는다!

부채가 누락되었다 해도 부채 위험이 높지 않다면 중요성, 즉시성의 원칙에 따라 배제할 수 있다. 그러나 누락된 부채가 상대적으로 더 위험한 부채라면 심각한 문제가 될 수 있다. 정부 규제를 피하기 위한 개인사업자대출, 법인대출 담보의 대부분은 주택보다 상가, 꼬마빌딩, 토지 등 유동성이 낮은 부동산이다. 반면 건당 대출 금액은 주택담보대출 금액보다 크고 LTV도 더 높아 채무 불이행 위험이 훨씬 높다. 그럼에도 개인사업자대출을 가계부채 통계에서 제외하는 등 기본적인 위험 관리에 문제점을 노출했다.

예를 들면 개인사업자나 법인사업자는 개인 이름으로도 사업자 명의로도 대출이 가능하다. 실제로 개인사업자대출 보유자의 84%가 가계대출을 동시에 보유하고 있다. 그렇다면 대출 상품은 개인사업자대출과 가계대출로 나눠도 부채의 위험 관리는 개인 또는 사업자, 즉 차주별로 전체 대출금을 통합해서 관리해야 한다. 개인사업자, 가계 상관없이 한 차주가 대출을 못 갚기 시작하면 개인사업자대출과 가계대출을 한꺼번에 못 갚을 것이기 때문이다. 그러나 국내 은행의 위험 관리는 차주가 아니라 대출 상품별로 이루어져 있다. 주택담보대출, 신용대출, 전세자금대출을 통합하지 않으며, 나아가 가계대출과 개인사업자대출을 합산해 위험을 관리하지 않고 있다.

금융당국도 크게 다르지 않다. 가계와 개인사업자가 동일 인물이라면 대출의 위험 가중치와 이에 따른 충당금도 동일하게 적용해야 한다. 그러나 동일인 대출이라 하더라도 상품별로 위험 가중 자산과 충당금이 다르게 설정되기도 한다.

정부도 이런 문제점을 인식해서 가계의 위험 관리를 대출 건별에서 차주 중심으로 변경해 위험을 합산해서 관리하려고 했다. 이 제도가 선진국에서 일반화되어 있는 가계부채 위험 관리의 핵심 지표인 총부채원리금상환비율DSR이다. 실제로 한국 금융당국은 2018년 하반기 말부터 도입했지만 전세자금대출, 집단대출, 개인사업자대출을 DSR 대상에서 제외했다. 예를 들면 A은행과 B은행에서 가계대출과 개인사업자대출을 각각 받을 경우 사실상 따로 관리됨에 따라 별도의 한도 규제를 받지 않을 수 있다는 말이다. 차주별로 위험을 관리하는 시스템을 도입하겠다고 해놓고 정작 위험이 크고 절대 규모도 높은 비중을 차지하는 개인사업자대출은 제외한 것이다. LTV 등 규제를 피하기 위해 받은 법인 명의의 가계성 대출은 위험 파악은 고사하고 규모 파악조차 제대로 못하고 있으니 관리 대상에서 제외된 것은 어쩌면 당연한 일인지도 모른다.

임대보증금은 미국 CDO, CDS 등 파생상품처럼 당사자 간 사적 거래에서 비롯된 가장 위험한 가계부채 가운데 하나다. 하지만 공식 부채에서 제외됨에 따라 규모가 얼마인지, 공식 부채와 얼마나 중복되었는지 부채 위험을 파악할 수 있는 어떤 지표도 찾을 수 없다. LTV, DSR 등 사실상 거의 모든 규제가 제외되어 있다 보니 정부의 대출 규제 강화 이후 임대보증금채무의 남용 흔적도 엿보인다. 그 결과 임대보증금, 신용대출, 전세자금대출 등 다중 채무로 인한 실질 LTV, DSR 등은 금융권 채무와 비교할 바가 아니다. 미국의 서브프라임 모기지 사태의 시발점은 금융 혁신이라는 미명 아래 제대로 파악도 관리도 이루어지지 않았던 CDO, CDS 등 쉐도우 뱅킹Shadow Banking이었다. 임대보증금의 위험 성격을 생각할 때 전혀 파악도 어떤 규제도 없었던 CDO, CDS와 매우 유사하다. 따라서 한국의 가계부채 위험이 수면 위로 떠올라 금융위기로 확산된다면 그 뇌관은 임대보증금채무가 될 가능성이 높다.

민간과 공적 연구기관에서 임대보증금부채 논의가 없었던 것은 아니다. 2018년 서울대학교 김세직 교수와 고제헌 주택금융공사 연구위원은 '한국의 전세 금융과 가계부채 규모'라는 논문을 통해 임대보증금 규모를 2017년 말 기준 750조 원으로 추정한 바 있다. 한국은 행 역시 주거 실태 조사 및 한국감정원 지역별 전월세 가격 정보 등을 바탕으로 시산하여 전체 보증금 규모를 687조 원으로 추정했다. 그러나 임대보증금과 관련 자료가 매우 부족한 점을 고려할 때 데이터의 연속성과 정확성에서 한계가 노출되었다. 실제로 임대사업자가 임차인에게 받은 상가 임차보증금 등은 제외되었기 때문이다. 그럼에도 임대보증금채무를 추정함으로써 전체 가계부채 규모를 파악하려 했다는 점에서 높이 평가할 만하다.

문제는 임대보증금채무 집계 역시 일회성에 그침으로써 위험을 제대로 평가하는 데 별다른 진전을 이뤄내지 못했다는 점이다. 이런 논의가 일자 정부도 한때 문제점을 어느 정도 인식한 것으로 보인다. 임대보증금채무 통계를 파악하기 위해 2018년 9월 부동산임대차 통계 시스템을 도입했고, 주택조정지역 3억 원, 비투기지역 6억 원 이상 아파트*에 대해 자금 조달 계획서 제출을 의무화해 통계를 집계하기 시작했다. 1년간의 유예 기간을 거쳐 2021년 6월부터 전월세 신고제가 의무화한 것도 임대보증금 통계 확보를 위한 중요한 진전으로 보인다. 그러나 가계부채의 관리 소홀에 따른 부채의 남용과 이에 따른 위험 증가 속도에 비한다면 정부의 개선 조치는 너무나 느리고 소극적이었다는 비판을 면하기 어렵다.

결론적으로 의도되었든 실수였든 가계부채 통계 관리 체계의 부실이 한국 가계부채 위험을 키워온 핵심 요소로, 결국 가계부채를 세

---

* 　2019년 12.16 대책으로 2021년 3월 13일부터 시행.

계 최고 수준으로 키우는 계기로 작용했다. 따라서 가계부채 문제를 해결하는 데 있어 가장 시급한 것은 가계부채 통계 관리 체계의 재정비가 되어야 한다. 그래야 가계부채 규모와 각각의 부채 특징을 파악해 전체 부채 위험도를 평가할 수 있다. 즉 개인사업자대출, 법인대출, 임대보증금의 규모를 파악해 차주별 상환 능력을 평가하는 시스템 구축이 절실하다.

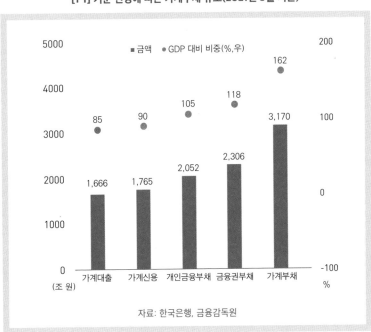

[1-1] 기준 변경에 따른 가계부채 규모(2021년 3월 기준)

자료: 한국은행, 금융감독원

[1-2] 가계부채 부문별 잔액과 구성(2021.3 현재)

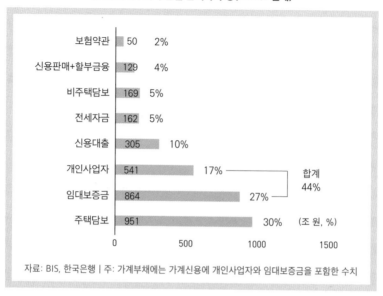

자료: BIS, 한국은행 | 주: 가계부채에는 가계신용에 개인사업자와 임대보증금을 포함한 수치

[1-3] 최근 자금 조달 계획서상 부채 조달 비중 분석

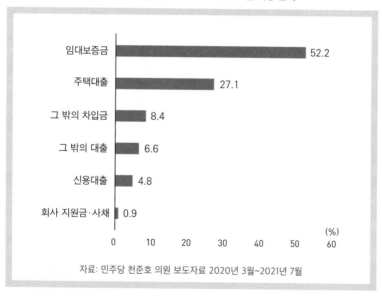

자료: 민주당 천준호 의원 보도자료 2020년 3월~2021년 7월

[1-4] 갭투자의 위험도 분석

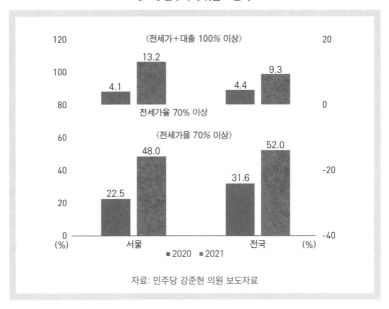

자료: 민주당 강준현 의원 보도자료

NOTE   [1-1]은 가계부채 정의에 따라 부채 규모가 얼마나 차이가 나는지 확인할 수 있는 차트이다. [1-2,3]은 누락된 임대보증금, 개인사업자대출 규모를 추정한 차트이다. 특히 주택 구매에 임대보증금이 전체 부채 조달의 절반을 넘는 것으로 나타났다. [1-4]는 임대보증금과 대출을 이용한 갭투자의 위험 수준이 어느 정도인지를 확인할 수 있는 차트이다. 이처럼 임대보증금이 향후 위기의 뇌관이 될 수 있음에도 정부는 임대보증금의 정확한 규모조차 파악하지 못하고 있다. 선진국과 달리 한국 금융당국은 가계부채 관리 강화를 위해 대출한도 등을 직접적으로 규제한다. 하지만 가계부채 기준을 협의의 개념인 가계신용 중심으로 규제함에 따라 대출 규제가 제대로 효과를 발휘하지 못하고 있다. 가계부채 증가율을 낮추기 위해 가장 시급한 것은 통계의 재정비다.

05

세계에서
가장 위험한
한국의
가계부채

지금까지 가계부채의 규모 추정과 위험의 본질을 정리했다. 그렇다면 한국의 가계부채는 얼마나 위험한가? 향후 경제에 부담을 줄 사안을 넘어 금융 시스템 위기, 나아가 전반적인 경제 위기로 확산될 수 있을까? 이것이 이 책의 첫 번째 주제다.

먼저 부채의 위험이란 채무자가 대출금을 못 갚을 가능성을 말한다. 즉 상환 능력이 얼마나 되는지를 파악하는 것과 같다. 여기서 채무자의 상환 능력은 크게 채무자의 소득, 보유 자산 규모와 성격에 의해 결정된다. 전체 가계로 확대하면 가계가 갖고 있는 부채를 가계 소득과 금융 자산으로 충분히 갚을 수 있는지 평가하는 것이다.

가계의 상환 능력을 평가하는 보편적인 지표로는 가처분소득 대비 가계부채 비율이 통용되는데, 2021년 3월 말의 가계부채 3,170조 원을 적용하면 230%에 달한다. 부채 가구의 평균 상환 능력, 즉 평균 DSR로 환산하면 70% 내외로 추정된다.* 전체 가계 평균 DSR이 70%라는 것은 평균 가계가 원금의 상당 부분을 상환하지 않거나 추가 대출을 일으켜 원리금을 상환하면서 경제 활동을 하고 있다는 뜻이다. 소득의 30%만 갖고 생활한다는 것은 아주 드문 사례다. 다시 말해서 한국의 평균 가계는 금융회사가 원금 상환을 요구하기 시작하거나 추가 대출을 중단하면 사실상 소비 활동을 중단하지 않는 한 빚을 갚을 수 없다.

한국은행 금융안정보고서 자료 역시 이를 뒷받침한다. 한국은행은 2020년 4분기 전체 차주의 평균 DSR이 35.9%, DSR 70% 이상 차주가 금액 기준으로 40%를 차지하는 것으로 추정했다. 문제는 여기에 그치지 않는다. 신용대출과 비주택 담보대출은 만기를 10년으로 가정했고, 전세자금대출은 이자만 반영했다. 특히 주목할 점은 가장 위험한 부채인 임대보증채무는 아예 반영조차 하지 않았다는 것이다. 이처럼 미반영된 부채를 전부 포함할 경우 실질 DSR은 추정치를 크게 상회할 수 있다.

가계부채의 위험은 절대 평가뿐만 아니라 상대 평가도 중요하다.

---

* 부채 가구의 가처분소득 4,800만 원, 평균 대출금리 3.5%, 대출 만기 10년 가정. 나이스CB에 따르면 2020년 12월 말 가계대출 보유자는 1,934만 명으로 확인.

왜냐하면 이미 위기를 경험한 여타 선진국과 비교 평가함으로써 위기 가능성을 실증적으로 분석하는 한편, 글로벌 금융위기가 발생할 경우 위기의 전염 가능성을 예측하는 데 많은 시사점을 주기 때문이다. 더욱이 한국처럼 소규모 완전 개방 경제와 기축통화를 사용하지 않는 나라에서 부채 위험이 급증하면 외국계 자본가의 공격 대상이 되어 외환위기로까지 확산되기 쉽다.

일례로 2008년 10월 서브프라임 모기지 부실화의 영향은 가장 적었지만, 은행 자체의 유동성 위기와 2020년 3월 증권사의 파생결합증권 손실 확대로 일시적 외화 유동성 부족 사태를 겪은 바 있다. 한미 간 통화스왑과 같은 적극적인 조치가 없었다면 IMF와 같은 대형 금융위기를 겪을 수도 있었다.

BIS, OECD 등 국제기구는 비교의 편의성을 이유로 가처분소득 대신 GDP를 이용해 가계부채 위험을 산출한다. 최근 공개된 BIS 자료에 따르면, 세계 주요 선진국의 2020년 말 GDP 대비 가계부채 비율은 84.2%이다. 대다수 선진국은 BIS가 분석한 경제성장률과 민간소비에 영향을 미치지 않는 적정 가계부채 비율 80%에서 크게 벗어나지 않는다.

그러나 한국은 다르다. BIS에 보고된 GDP 대비 가계부채 비율은 개인금융부채 기준으로 103.8%, 임대보증채무를 포함한 실질 가계부채 비율은 주요 선진국 평균의 두 배인 162%로 세계 최고 수준으로 추정된다. 금융위기를 경험한 미국과 영국은 2008년 9월 각각 97.8%, 94%, 유럽 위기의 핵심인 PIGS 국가인 포르투갈, 아일랜드,

스페인은 2010년 6월 각각 92%, 114%, 86%로 금융위기를 겪었던 대다수 국가보다도 현저히 높다.

한편 상환 능력에 비해 부채 증가율이 높을 때 부채 위험이 급격히 증가하는 경향이 강하다. 이런 이유로 부채 증가율과 소득 대비 가계부채 비율 순증 통계 수치가 위험을 평가하는 중요한 지표로 이용된다. 부채 증가율이 높다는 것은 그만큼 부채의 질이 악화할 수 있음을 시사한다. 대출금의 상당 부분이 투기 자금으로 이용되거나 상환 능력이 낮은 대출자에게 공급되는 등 은행의 대출 관리가 느슨해졌음을 말해준다.

2020년까지 최근 5년간 가계부채 증가율은 43.4%로 개인 가처분소득 증가율의 3배를 넘는다. 이는 대출 잔액으로 볼 때 세계 주요 선진국 가운데 가장 높고, 5년간 GDP 대비 가계부채 비율 순증 역시 29.5%p로 최고로 높다. 과거 위기를 경험한 나라의 사례와 비교해도 한국의 증가율은 매우 높다. 실제로 2008년 금융위기를 겪은 미국과 영국의 2007년까지 5년간 GDP 대비 가계부채 비율 순증 19.6%p, 19.9%p보다 1.5배 높다. 또한 스페인의 26%p보다도 높다. 앞서 말했듯이 임대보증금이 과소 계상되었을 가능성을 고려할 때 실질적인 부채 증가율은 이보다 더 높을 개연성도 있다.

[1-5] 국가별 GDP 대비 가계부채 비율과 순증 비교(2021년 3월 말)

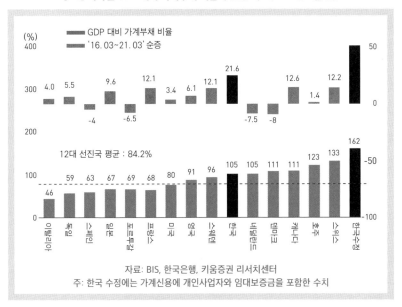

자료: BIS, 한국은행, 키움증권 리서치센터
주: 한국 수정에는 가계신용에 개인사업자와 임대보증금을 포함한 수치

[1-6] 주요 선진국의 가계부채 증가율 비교

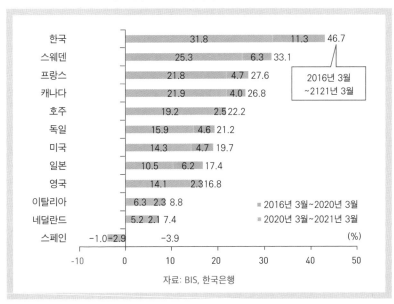

자료: BIS, 한국은행

부채의 위험은 부채의 규모와 질로 결정된다. 부채 위험의 양을 파악할 수 있는 보편적인 지표는 GDP 대비 가계부채로, [1-5]는 국가별 비율과 순증을 비교했다. [1-6]은 부채 위험의 질을 평가하는 가장 중요한 지표인 증가율 차트로, 증가율을 코로나 위기 이전과 이후로 나누었다. 가계부채 위험 분석에서 부채의 규모와 증가율만 놓고 보면 한국이 세계 주요국 가운데 가장 위험하다는 결론이 나온다. 한국의 실질 가계부채 규모는 선진국 평균 84%의 두 배다.

06

점점
빨라지는
부채 폭탄
돌리기

한국의 가계부채 리스크는 언제든 시스템 위기로 연결되어도 이상하지 않다. 가계부채의 심각성이 지난 20년간 제기되었지만 그럼에도 우려와 달리 별다른 문제는 없었다. 실제로 2003년 카드 사태가 있었지만 금융 시스템 전반을 뒤흔드는 위기로까지 확산되지 않았다. 또한 2008년 대다수 선진국이 전례 없는 가계부채 위기를 경험했지만 가계부채의 급격한 증가에도 한국만이 가계부채발 금융위기를 피할 수 있었다. 이제 가계부채발 위기론을 식상해하는 전문가도 많다. 이처럼 한국만 가계부채발 위기를 겪지 않은 이유는 무엇일까? 보이는 것과 달리 부채 위험이 적은 것인지, 아니면 부채 위험을 계속 뒤로 미루고 있으면서 위험을 키우고 있는 것인지 이제는 정확한 진단이 필요하다.

가계부채 위험이 크지 않다는 대표적인 논리 근거 중 하나는 '한국 가계는 부채 대비 자산이 충분히 많다'는 주장이다. 그런데 핵심 부채 통계인 임대보증금을 빼고 자산은 전부 넣으니 자산이 부채보다 당연히 많을 수밖에 없다. 한국은행 자료에 따르면, 2021년 1분기 금융 자산 대비 금융 부채 비율이 44.7%로 금융 자산을 충분히 보유하고 있어 부채 위기가 발생해도 문제가 없다고 한다. 실제로 전세보증채무를 포함한 수정 금융 자산 대비 금융 부채 비율은 64%에 달하고, 현금화가 어려운 보험 및 연기금과 같은 자산을 제외하면 92%까지 상승한다. 가계의 부동산 투자와 가계부채가 동반해서 상승했는데 2018년 4분기 금융 자산 대비 금융 부채 비율이 3.2%p나 하락한 것은 부채의 질이 개선된 것이 아니라 누락된 임대보증채무의 증가율이 더 높았기 때문으로 추정된다.

자산으로 부채 위험을 분석할 때 간과해서는 안 될 또 한 가지는 평균의 함정에 쉽게 빠진다는 점이다. 은행 꺾기 등 강압이 있지 않는 한 상당한 규모의 대출을 보유한 개인이 대출금리보다 낮은 금리의 예금을 장기간 보유할 유인은 별로 없다. 신용한도대출(마이너스대출)처럼 유동성 관리가 가능하다면 더욱 예금 보유 동기는 사라진다. 군이 예금을 보유하고 있다면 상당 부분은 2년 뒤 돌려줘야 할 전세보증채무의 일부일 가능성이 높다. 게다가 빈부 격차가 심해 현금의 상당액을 일부 자산가가 보유하고 있거나 부채가 별로 없는 사람이 금융 자산을 많이 갖고 있다면 이 통계 자료는 설명력을 잃을 수밖에 없다. 한국은 세계에서 가장 집값이 많이 올라 빈부 격차가 심한 나라가 되었다. 편차가 심해서 평균치로 위험 수준을 평가하는 것이 적절하지 않다는 뜻이다.

주택담보대출 LTV가 집값의 절반 정도로 매우 낮아 가계부채 위험이 낮다는 주장도 오랫동안 거론되어 왔다. 이런 주장은 갭투자가 흔하지 않았고, 신용대출과 전세자금대출이 활성화되지 않았던 2008년 이전에는 설득력이 있었다. 노무현정부가 주택담보대출 LTV, DTI 규제만으로도 부동산시장 안정화에 성공할 수 있었던 것도 같은 이유다. 그러나 지금은 다르다. 이제 더 이상 주택담보대출이 주택을 구매하는 주요 대출 수단이 아니기 때문이다. 최대 2억 원 한도의 신용대출, 5억 원 한도의 전세자금대출, 나아가 수천만 원의 카드론 등 집을 살 때 이용할 수 있는 대출이 널려 있다. 달라진 것은 또 있다. 전세가율이 60~80%까지 상승해 주택담보대출 LTV보다 높아지면서 갭투자가 더 보편적 투자 수단으로 부상한 것이다. 2017년 4월부터 최근 3년간 순수 주택담보대출이 가계대출에서 차지하는 비중은 잔액 기준 38%에 달하지만 순증 기준으로 11.2%에 불과하다. 사실상 순수 주택담보대출을 통해 주택을 구매하는 것보다 갭투자를 이용하는 것이 일반적이라는 것을 시사한다. 주택담보대출만을 가지고 LTV[*]가 낮아 안전하다는 주장이 오히려 부채의 위험을 왜곡해 정책을 실기하

---

[*]   LTV: (2016년 말) 53.5% → (2020.2Q 말) 47.0% (은행권 주택담보대출 기준, 금감원 자료)

는 원인으로 작용했다.

부채 규모가 많아도 고신용자 비중이 높아 한국의 가계부채는 걱정하지 않아도 된다는 주장도 여전히 오랫동안 제기되어 왔다. 실제로 한국은행의 자료에 따르면, 가계신용 기준으로 2021년 1분기 고신용자 비중은 각각 76.8%에 달한다. 그러나 만일 그들이 소득 대비 과도하게 높은 부채를 갖고 있다면 채무 불이행 가능성은 높다고 볼 수 있다. 2018년 발표된 금융안정보고서에 따르면, DSR 100% 이상 대출금 중 59.3%가 고신용자다. 아울러 나이스CB에 따르면 1~3등급의 고신용자 수는 2019년 말 기준 2,489만 명이다. 이는 경제 활동 인구의 88.3%로 6년 만에 20%p나 좋아졌다. 대출 이용 실적과 연체 경험 중심으로 신용등급이 결정되다 보니 1인당 부채가 늘어나 상환 능력은 떨어지는데 정작 신용등급이 올라간 것도 있다는 뜻이다. 이처럼 고신용자에게 편중된 은행 대출은 오히려 1인당 대출한도를 높여 주택과 부동산 등 자산 투자 용도의 전용을 통한 위험 증가 요인으로 작용했다. 이것은 소득 관련 통계 수치로도 확인이 가능하다. 한국은행 자료에 따르면, 고소득층이 금융권 부채에서 차지하는 비중은 2020년 말 기준 63.2%로 3년 만에 2.5%p 하락했다. 중위 소득자가 대출을 많이 이용하면서 신용도가 올라간 것이다.

채무자의 연체 비율이 낮다는 것 또한 가계부채 위험이 낮다고 할 때 가장 많이 인용되는 논리다. 과거에 잘 갚았으니 앞으로도 잘 갚을 수 있을 것이라는 아주 설득력 있어 보이는 주장이다. 실제로 2020년 말 은행의 가계대출과 주택담보대출 연체율은 0.2%, 0.14%로 5

년 만에 각각 0.13%p나 하락했다. 같은 기간 미국 상업은행의 가계 대출과 모기지 연체율은 각각 2.06%, 2.86%로 국내 은행의 10배가 넘는다. 그렇다면 한국의 가계가 미국의 가계보다 10배 더 채무 상환 능력이 좋다고 할 수 있을까?

미국의 GDP 대비 가계부채 비율은 한국의 절반 수준인 79.5%(2020년 말 기준)에 불과하다. 한국 가계의 채무 불이행 위험이 낮다고 주장하려면 한국의 가계가 미국보다 부의 축적 규모가 많아야 하는데 그렇게 단정할 만한 근거는 별로 없다. 오히려 연체율의 차이는 상환 능력이 아니라 은행의 대출 태도와 원리금 상환 비중 때문일 가능성이 높다. 다시 말해서 은행이 대출의 신규 및 연장을 엄격히 하고 원금 상환 비중을 늘리면 미국 은행보다 더 늘어날 수도 있다.

한편 정부는 주택담보대출의 원리금 분할 상환 비중을 높이는 등 가계부채 위험을 낮추는 데 있어 긍정적 성과를 내왔다고 주장해왔다.* 그런데 가계부채가 빠르게 증가했다면 원금 상환 부담도 크게 늘어나는 것이 맞다. 그러나 개인금융부채가 2017년부터 2020년까지 22% 증가했지만 가계의 원리금 상환 부담액은 7%나 감소했다. 그 결과 DSR은 40.1%에서 35.7%로 하락했다. 정부의 설명과 달리 주택담보대출의 이용 빈도가 줄어들면서 원금 상환 비중이 점차 줄었기 때문으로 보인다.

이런 추론은 최근 대출 추이를 통해서도 확인이 가능하다. 금융당

---

* 　　고정금리 비중: ('13)15.9% → ('20)49.7% / 분할 상환 비중 : ('13)18.7% → ('20)54.2%, / LTV : ('16년 말) 53.5% → ('20.2Q 말) 47.0% (은행권 주택담보대출 기준, 금감원 자료)

국은 가계대출에서 주택담보대출만 원리금 분할 상환 규제를 도입했다. 반면 1~3년 만기 일시 상환 대출인 신용대출, 전세자금대출, 개인사업자대출, 집단대출 등 여타 가계대출에는 별다른 규제를 하지 않았다. 정부가 주택담보대출 규제를 강화하니 개인들은 다른 대출을 늘린 것이다.

2017년 3월부터 3년간 순증 기준으로 주택담보대출 비중은 11.2%로 줄어들었지만 개인사업자대출 30%, 전세자금대출 25%, 신용대출 18%로 주택담보대출보다 훨씬 인기 있는 대출이 되었다. 원리금 상환 대출 비중이 갈수록 줄어들고 있음을 시사한다.

한편 정부 정책 영향으로 은행의 대출금리가 하락한 것도 가계의 원리금 상환 부담을 줄이는 데 한몫했다. 2012년 한때 5.17%에 달했던 은행 가계대출 금리는 2018년 3.62%, 2020년 말 2.77%까지 하락했다.* 원금을 내지 않고 이자만 내는 변동금리 단기대출 구조에서는 대출금리 하락률만큼 원리금 부담이 줄어들 수 있다. 참고로 가계대출에서 변동금리 대출 비중은 2021년 6월 말 잔액 기준으로 72.7%, 신규 취급액 기준으로 81.7%를 차지하고 있다.

여타 선진국처럼 한국도 2008년까지 4년간 가계부채가 40%나 증가하는 등 부채 위험이 빠르게 증가했다. 결국 2008년 전 세계가 가계부채발 금융위기를 경험했지만 한국만이 별다른 피해를 입지 않았다. 그 이유는 주택담보대출의 LTV, DTI 도입과 함께 대출 만기를 장기화함으로써 실질적 위험을 성공적으로 줄였기 때문이다. 물론 당

---

*   잔액 기준 대출금리, 한국은행 자료.

시에는 갭투자가 지금처럼 흔하지 않았고, 신용대출이나 전세자금대출이 큰 비중을 차지하지 않았다.

그러나 지금은 그때와 다르다. 부채의 양과 질 모든 면에서 위험은 훨씬 커졌다. 그럼에도 부채 위험이 드러나지 않았던 것은 대출을 늘리고, 금리를 낮추고, 원금 상환을 뒤로 늦추었기 때문이다. 이 뜻은 금리가 상승하거나 부동산 가격이 하락할 때 금융회사의 상환 압박이 더욱 커져 위험을 감수할 능력이 더 약해졌다고 할 수 있다. 위험 관리를 강화한다고 주택담보대출을 규제한 것이 오히려 위험을 뒤로 미루는 규제의 역설을 낳았다. 가계부채라는 폭탄을 서로 돌리고 있었던 것과 크게 다르지 않다.

[1-7] 과도한 규제로 인기 없는 대출로 전락한 주택담보대출

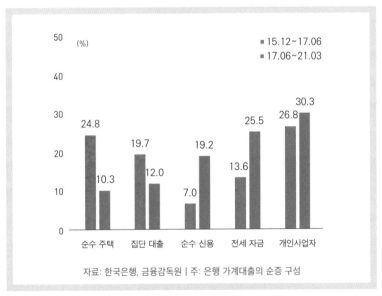

자료: 한국은행, 금융감독원 | 주: 은행 가계대출의 순증 구성

[1-8] 최근 5년간 가계대출 부문별 증가율 비교(연평균)

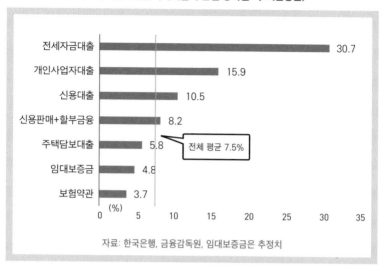

전세자금대출 30.7
개인사업자대출 15.9
신용대출 10.5
신용판매+할부금융 8.2
주택담보대출 5.8 전체 평균 7.5%
임대보증금 4.8
보험약관 3.7

자료: 한국은행, 금융감독원, 임대보증금은 추정치

[1-9] 국내 은행의 10배에 달하는 미국 은행의 연체율

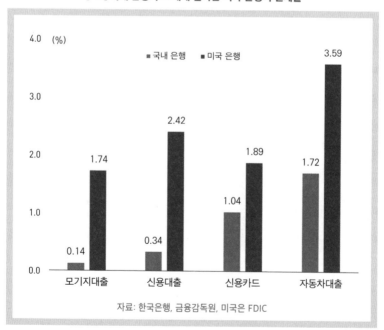

■ 국내 은행 ■ 미국 은행

모기지대출: 0.14 / 1.74
신용대출: 0.34 / 2.42
신용카드: 1.04 / 1.89
자동차대출: 1.72 / 3.59

자료: 한국은행, 금융감독원, 미국은 FDIC

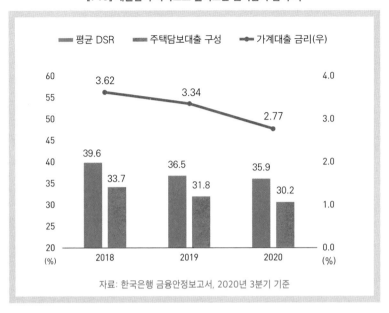

[1-10] 대출금리 하락으로 줄어드는 원리금 부담 추이

자료: 한국은행 금융안정보고서, 2020년 3분기 기준

NOTE [1-7, 8]은 한국 가계부채의 질적 위험이 표면적인 것과 달리 매우 높음을 시사하는 차트이다. [1-9]는 국내 은행과 미국 은행의 연체율을 비교한 통계 자료다. 연체율 차이의 원인을 설명할 수 있는 차주의 원리금 상환 부담률, 즉 DSR의 추이를 확인할 수 있다. 한국의 가계부채는 미국과 달리 수면 아래에 잠복해 있어 금융회사의 대응 능력이 매우 취약할 수 있다. 특히 원리금 분할 상환 대출 비중이 줄어들어 만기 리스크가 매우 높다는 점은 금융위기 발생 위험을 높이는 결정적인 요인이다.

07

자산 버블의 붕괴가 금융위기로?

그렇다면 그 돈은 어디에 사용되었을까? 대출금이 안전하고 수익성이 좋은 곳에 투자되었다면 설령 부채 위험이 커 보여도 문제가 안 될수 있다. 그러나 부동산, 주식, 가상자산, 도박과 같은 투자 자금으로이용되었다면 부채의 상환 불이행 위험은 보기보다 클 수 있다. 왜냐하면 대출금을 자산 투자에 사용할 때는 투자자가 위험보다 수익 극대화에 초점을 맞추기 때문이다. 투자자가 현금 상환 부담이 적은 이자만 내는 단기대출 중심으로 레버리지를 극대화하려는 것도 같은 이유다. 아무리 은행이 위험 관리를 강화해도 채무자 스스로가 위험 관리를 포기하고 수익 극대화만 쫓는다면 상당수는 채무 불이행 사고를 피할 수 없다. 이를 알고 있는 은행도 마찬가지다. 채권자인 금융회사는 담보만 보고 갚을 능력 대비 과도하게 대출을 해주다 보니 자산 가격이 하락하면 바로 대출을 회수하려 든다. 집값이 하락하면 채무자는 부채 상환 압박을 받게 되고, 그 과정에서 가계 파산이 연쇄적으로 일어나고, 소비가 줄면서 기업이 파산하고, 나아가 금융회사가 동반 파산, 신용경색이라는 악순환에 빠져든다.

그렇기 때문에 한국의 가계부채가 금융 시스템 위기로 확산될지 여부는 늘어난 대출 가운데 얼마나 부동산 등 자산 투자에 이용되었는지, 대출로 만들어진 자산 거품이 터질지에 달려 있다. 가계부채가 급증했다 해도 자산 투자에 이용되지 않았다면, 설령 대출 자금의 대부분이 자산 투자에 이용되었다 해도 자산 버블이 발생하지 않아 가격 하락 위험이 낮다면 부채 위기의 발생 가능성은 크게 줄어든다.

고소득층, 고신용자 비중 중심으로 대출이 이뤄져 1인당 대출금이 크게 늘어났다면 부동산, 주식, 가상자산 등 자산 투자에 대출 자금이 이용됐을 가능성이 높다. 소득이 정해져 있는데 갑자기 복권에 당첨되지 않는 한 1~2억 원씩 빚을 내 소비에 이용할 가능성은 낮기 때문이다. 실제로 최근 5년간 늘어난 대출 286조 원의 대부분이 고신용자가 이용했고, 이 자금의 상당 부분이 부동산과 주식 등 자산 투자에 이용되었을 것으로 추정된다. 신용도가 높은 개인이 생활 자금이 부족해 300조 원에 가까운 돈을 빌릴 이유는 없지 않은가.

가계부채의 구성을 보더라도 대출금의 상당액이 부동산 등 자산 투자에 이용되었음을 쉽게 추론할 수 있다. 주택담보대출, 중도금대출, 임대사업자대출 등 부동산 투자와 연관된 대출이 전체 가계부채의 2/3를 넘는다. 뿐만 아니다. 한국에서는 신용대출, 전세자금대출에 이어 보험약관대출 자금마저 부동산 투자가 가능해 사실상 대부분의 자금이 부동산 등 자산 투자에 이용되었다고 볼 수 있다. DSR 70% 이상으로 투자가 아닌 단순 주거 목적으로 주택을 구매했다 하더라도 소득만으로 대출을 갚을 수 없다면 자산 가격이 하락할 경우 부채 위기에서 자유로울 수 없다.

대출금이 자산 투자에 이용된 것을 집값과 대출의 상관관계에서 쉽게 찾을 수 있다. 2003년 이후 자료를 통해 집값 상승률과 가계대출 간에 높은 상관관계가 있음을 알 수 있다. 주목할 점은 자산 가격이 상승해 대출이 늘어나거나 대출이 증가해 자산 가격이 상승하기보다 상호 영향을 미치며 같은 방향으로 움직였다는 것이다. 이는 신용팽창에 의해 자산 가격이 급등해 자산 버블이 생겼고, 자산 가격 상승 기대감이 신용(대출)을 이용한 자산 투자를 늘렸음을 말해준다.

이와 같은 사례는 과거 선진국에서도 쉽게 찾아볼 수 있다. 부채가 급증하는 한편 그 자금의 상당 부분이 자산 투기에 이용되었을 때 생긴 자산 버블이 부채 위기의 뇌관으로 작용했고, 버블이 터지는 순간이 부채 위기가 발생하는 시점이 되곤 했다. 1985년~1989년 일본, 핀란드, 노르웨이, 스웨덴의 금융위기, 1992년~1997년 태국, 말레이시아, 인도네시아 등 아시아 국가의 금융위기, 2007년~2008년 미국발 글로벌 금융위기, 2009년 아일랜드 위기, 2012년 스페인 금융위기 등 대부분의 금융위기가 부채 급증 과정에서 생긴 자산 버블의 해소 과정에서 나타났다.

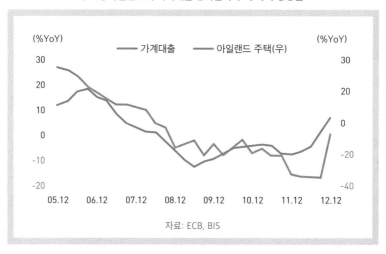

[1-11] 아일랜드의 가계대출 증가율과 주택 가격 상승률

자료: ECB, BIS

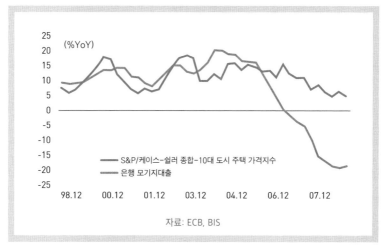

[1-12] 미국의 가계대출 증가율과 주택 가격 상승률

자료: ECB, BIS

NOTE   금융위기를 경험한 미국, 아일랜드 등 주요 선진국의 가계대출 증

가율과 주택 가격과의 상관성을 찾을 수 있는 차트이다. 더욱이 금

융위기가 발생해 은행이 대출을 회수할 때 주택 가격의 하락은 더

욱 심해지는 것으로 나타났다. 반면에 위기 극복의 선결 조건 역시

은행의 대출 기능이 정상화될 때 가능하다는 것을 간접적으로 확

인할 수 있다. 따라서 가계부채발 금융위기의 충격을 최소화하려면

주택시장 안정과 은행의 대출 태도 안정화가 선결되어야 한다.

Debt
Crisis

코로나 이후 가장 중요한 이슈로 부상한 부동산 문제

01

세계에서
가장 많이 오른
한국의
주택시장

2016년 3월 말부터 2021년 3월까지 5년간 전국 아파트 가격은 부동산114 실거래가지수 기준으로 62% 상승했다. 같은 기간 개인 처분가능소득 증가율 13%와 비교해도 4배 이상 높다. 더욱이 서울과 수도권 아파트 상승률은 각각 100%, 75%로 더 높다.

세계 주요 선진국이 경기부양을 위해 저금리 정책을 취한 결과 노르웨이, 뉴질랜드, 스웨덴 등 많은 나라의 주택 가격이 올랐다. 그렇지만 BIS에서 발표한 세계 주요국과 비교하면 주택 가격 상승률은 한국이 가장 높다.

가장 많이 비교되는 미국이 같은 기간 37%* 상승했는데 수도권 아파트 상승률의 절반에 그친다. 가계 자산의 70%가 부동산인데 아직도 수도권 주택보급률이 53.3%에 불과하다는 것은 세계 최고 수준의 집값 급등이 최근 한국의 소득 분배 문제를 어떤 나라보다 심각하도록 했음을 시사한다.

그런데 이런 결과는 어찌 보면 당연하다. 개인에게 빚도 주택 구매력의 하나인데 좁은 땅 덩어리의 우리나라처럼 공급 물량 늘리기에 한계가 있는 나라에서 부채가 세계에서 가장 많이 증가했다면, 주택 가격이 오른 것은 당연한 결과인지도 모른다. 실제로 2021년 3월까지 지난 5년간 개인 금융 부채는 47% 증가했고, 전국 아파트 가격 상승률은 62%를 기록했다. 사적 부채인 전세보증금을 합쳤다면 주택 가격 상승률과 유사한 수준의 부채 증가율을 기록했을 것이다. 당연히 주택 가격 상승률이 낮은 미국의 가계부채 증가율은 같은 기간 한국의 1/4에 불과했다. 부채 증가율이 낮은 만큼 주택 가격 상승률이 낮은 것을 미국에서도 확인할 수 있다.

정책 효과를 설명하기 쉽게 현 정부와 이전 정부의 임기 4년을 나누어 비교해보자. 현 정부 4년간 전국 아파트 매매 가격 상승률은 58.3%로 이전 정부의 상승률 22.3%보다 2.6배나 높다.** 개인금융부채는 각각 38%, 36.1%로 큰 차이가 없다. 다만 이전 정부와 현 정부

---

*   S&P 코어로직 케이스-쉴러 전미 주택 가격 지수 기준.

**   박근혜정부: 2013년 6월~2017년 6월, 현 정부 2017년 6월~2021년 6월 기준 상승률.

의 주택 가격 상승률과 개인금융부채 누적 상승률은 각각 93%, 88%로 비슷하다. 이는 일정 기간의 시차 효과와 갭투자 활성화에 따른 사적 부채의 증가 때문으로 보인다. 공개적으로 집값 상승 정책을 취한 이전 정부보다도 부채 구조조정과 함께 집값 안정을 표방한 현 정부의 집값 상승률이 높다.

2021년 1월 12일 KBS는 기획재정부 장관과의 일요 대담에서 부동산 관련의 여론조사를 발표했다. 현 정부가 추진해야 할 가장 중요한 정책으로 국민의 28.9%가 코로나 방역 대책을 꼽았다. 이를 제외할 경우 주택시장 안정이 24.7%로 가장 많고, 경제 성장을 통한 일자리 창출이 15.1%로 두 번째로 많았다. 5월 10일 YTN과 리얼미터에서 조사한 현 정부의 국정 추진 과제 역시 코로나 극복이 29.5%로 가장 많았고, 이를 제외하면 주택시장 안정화가 24.8%, 일자리 창출이 14.1%로 1월에 조사한 통계와 유사하다. 요약하면 당장은 코로나 위기 극복이 중요하지만 이 문제가 해결되면 주택시장 안정이 정부가 달성해야 할 가장 중요한 정책 과제라는 것이다. 즉 주택시장 안정이 향후 경제 정책 면에서 매우 중요한 사안이 될 것이라는 뜻이다.

모든 역대 정부는 성장을 통해 일자리를 만들어 소득을 분배할 수 있도록 경제 성장을 최우선 정책으로 삼아왔다. 그러나 경제가 성숙해지고 고도화되면서 성장률이 낮아지는데다 성장을 이뤄내도 일자리를 과거보다 많이 만들어내지 못했다. 일자리 창출을 위해서는 자산 효과를 통해 소비를 부양하거나 재정 지출을 통해 미래 세대 몫을 끌어 쓸 수밖에 없었다. 결국 세계 최고 수준의 주택 가격 상승과 가계부채 증가는 정책 실패라기보다 민간 부채 중심의 경기부양 정책의 산물로 보는 것이 타당하다.

그러나 국가의 책무는 성장을 통한 안정적이고 적정한 소득 분배로 이를 이뤄내지 못하는 정책은 반발을 피하기 어려울 것이다. 왜냐하면 국민의 생명과 재산 보호는 헌법에 보장된 가장 중요한 국가의 기본 책무이기 때문이다. 따라서 시간이 지날수록 집값 버블과 이에 따른 심각한 가계부채 문제에 대한 정부의 책임 요구는 더욱 커질 수밖에 없다. 이런 이유로 주택시장 안정화는 현 정부뿐만 아니라 새 정부의 중요한 정책 과제가 될 것이다.

[2-1] 주요국의 주택 가격 상승률과 가계부채 증가율 비교

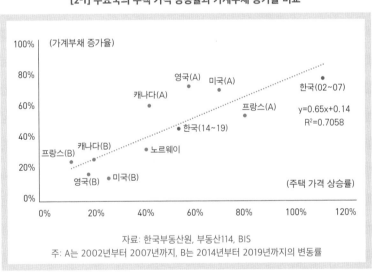

자료: 한국부동산원, 부동산114, BIS
주: A는 2002년부터 2007년까지, B는 2014년부터 2019년까지의 변동률

NOTE　　국가별 가계부채와 부동산 가격의 상관관계를 나타낸 차트이다. R2가

0.7로 매우 높은 상관관계를 보인다. 주택은 가계에서 가장 비중이 높

은 자산이다. 가계 소득 증가율이 정체되었다면 주택 가격과 개인금융

부채는 높은 상관관계를 보일 것이다.

02

주택시장 버블도 주택 통계의 오류 탓?

모두가 집을 갖고 있는 것도 아니고, 집값도 다 다르기 때문에 주택 가격의 변동은 경제 주체의 부(富)가 바뀌는 것을 의미한다. 따라서 부채의 남용 여부를 파악하는 데에 부채의 정확한 통계가 중요하듯이 개인 재산의 중대한 변화를 감지할 수 있는 가장 중요한 지표는 주택 가격이다.

필자는 2021년 초 비공개로 여당이 주최하는 토론회에 참석한 적이 있다. 한 토론자는 '주택 가격 상승은 세계적인 현상으로 최근 많이 오른 미국 등과 비교해볼 때 한국은 심하지 않다'라는 주장을 내놓았다. 한국부동산원 전국 아파트 매매가격지수 자료를 인용한 것이다. 실제로 2015년 12월부터 2021년 6월까지 전국 아파트 매매가격지수는 15.5% 상승해 주요 선진국과 비교해도 가장 낮다. 당연히 정부의 공식 자료로 상승률을 설명한 것에는 이상한 점을 찾을 수 없다. 그런데 이 지표를 신뢰하는 투자자가 많지 않은 이유는 무엇일까?

국토교통부에서 고시한 거래 가격을 확인하면 서울 아파트뿐 아니라 수도권의 웬만한 아파트 가격은 최근 5년간 두 배 이상 올랐다. 국민이 체감하는 아파트 가격 상승률과 한국부동산원이 제시하는 아파트 가격 상승률에 차이가 있는 것이다. 앞서 설명했듯이 집값 상승률과 부채 증가율이 유사한 점을 생각하면 한국부동산원에서 제시한 데이터는 의심할 여지가 있다.

필자는 지난 2019년 발간한 〈대한민국 가계부채 보고서〉* 에서 이 점을 지적하며 부동산114 실거래가지수를 이용해 국제 비교하는 이유를 설명한 바 있다. 최근에는 경실련 등 시민단체와 정의당까지 이를 지적하고 나섰다. 이런 지적에 6월 30일 한국부동산원은 조직을 개편하는 한편 표본을 늘려 체감 가격 상승률과 지수 상승률 간 갭을 줄이겠다고 발표했다. 그런데 한국부동산원의 매매가격지수가 체감 가격과 차이가 나는 것은 표본의 문제가 아니라 지수 산정 방식의 문제 탓이다. 그럼에도 지수 산정 방식을 변경하지 않고 표본 확대로 해결한 것은 문제점을 그대로 놔두겠다는 뜻과 같다. 구체적으로 한국

---

* 　2019년 9월 27일 출간, ㈜에이지이십일.

부동산원은 지수를 산정할 때 가중치는 재고량을 사용했고, 거래 가격은 실거래가격에 중개업소의 호가를 반영했다. 시가총액을 가중치로 두고, 실거래가를 거래 가격으로 사용한 미국 S&P 케이스-쉴러 지수와는 다른 방식인 것이다. 결국 기준이 달랐다. 만일 동일한 기준으로 했다면 그 토론자도 다른 결과를 얻었을 것이다. 상식적으로 집을 단순 내구재로 본다면 한국부동산원의 지수 산출 방식이 맞을 수 있다. 그러나 대다수 시민은 집을 재화로 생각하기보다 투자자산으로 인식하고 있다. 그러면 집을 자산으로 본 S&P 케이스-쉴러 지수 방식이 맞다. 따라서 재고량을 가중치로 사용한 지수는 현실을 제대로 반영하지 못한 것이다. 제대로 반영하려면 종합지수처럼 자산 가격에 맞춰 가중치를 달리해야 한다. 예를 들면 50억짜리 강남 아파트가 50% 상승한 반면 1억짜리 지방 아파트가 50% 하락한다고 가정할 때 한국부동산원 매매가격지수 상승률은 0%가 아닌 시가총액 가중치로 산출한 48%가 적합하다는 것이다. 대다수가 50억짜리 강남 아파트와 1억짜리 지방 아파트를 같이 보지 않는데 시장 지표를 산출하는 한국부동산원이 동일하게 본다는 것은 이해할 수 없는 사안이다.

한국부동산원도 주택 매매가격지수가 현실을 제대로 반영하지 못한다는 비판이 있자 가중치를 거래량으로 바꾼 실거래가격지수를 만들어 발표하고 있다. 그래도 여전히 시가총액 가중치를 이용하지 않아 체감 지수와는 차이가 있지만, 어느 정도 갭이 줄어들어 긍정적으로 평가할 만하다. 문제는 어느 누구도 이 지수를 사용하지 않으며 상당수가 있는지조차 모른다는 것이다.

기존 가격지수보다 업데이트 시점이 1~2개월 늦고 왜 실거래가지수를 사용하는지, 기존 지수와 어떤 차이점이 있는지 설명조차 없다. 한국부동산원이 기존 매매가격지수의 문제점을 인식했다면 실거래가지수를 공식 지표로 바꾸고 공표 시기 역시 표본 수를 줄여 발표 시기를 앞당겨야 했다. 지금처럼 아무도 사용하지 않는 지표를 발표만 한다면 책임 회피성이며 세금 낭비일 뿐이다. 지금이라도 미국 S&P 케이스-쉴러 지수와 같은 방식으로 실거래가를 반영한 실거래가격지수를 산출해야 한다.

[2-2] 세계에서 가장 많이 오른 한국의 주택 가격

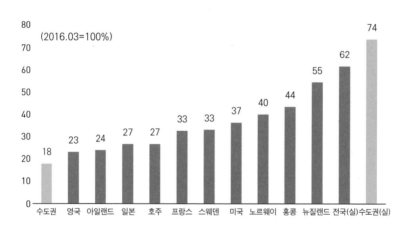

자료: 한국부동산원, 부동산114, BIS
주: 2016년 3월부터 2021년 3월까지의 상승률,
수도권은 한국부동산원 기준, (실)은 부동산114 실거래가지수 기준

[2-3] 정부 발표 지수와 민간 연구기관 지수 간 주택 가격 상승률 비교

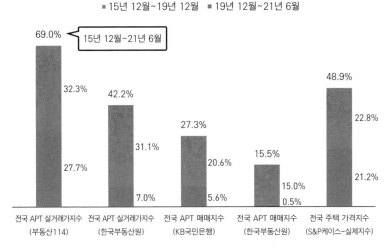

■ 15년 12월~19년 12월   ■ 19년 12월~21년 6월

69.0% ← 15년 12월~21년 6월

자료: 한국부동산원, KB국민은행, 부동산114, BIS
주: 2015년부터 2021년 3월까지의 주택 가격 상승률

NOTE   주택 가격의 적정성을 분석하려면 가장 먼저 가격 변동률 통계의
정확성과 적정성을 확보해야 한다. [2-2,3]은 공식적인 통계의 문
제점을 설명한 차트이다. 미국 S&P 케이스-쉴러 지수와 비교하려
면 적어도 동일한 지수 산정 기준을 이용해야 한다. 지수 간 상승률
이 최대 4배 이상 차이가 나 지수 산출 방식의 중요성을 확인할 수
있다. 전국 아파트 매매지수의 전면 개편이 필요함을 시사한다.

03

주택 공급 부족이 주택 가격 급등의 원인인가?

현 정부의 부동산시장 안정화 정책에도 불구하고 집값은 이전 정부 대비 두 배 이상 올랐다. 〈동아일보〉가 리서치앤리서치에 의뢰한 자료에 따르면, 집값 상승의 원인을 50.3%가 공급 부족 문제, 23.9%가 세제 문제 등 수요 억제 부족으로 보았다. 집값 상승의 원인을 정부가 수요를 억제하지 못했다기보다 공급을 늘리지 못한 결과로 본 것이다.

그렇다면 먼저 아파트를 비롯한 주택의 공급 상황을 보자. 부동산 114 자료에 따르면, 2017년부터 2020년까지 수도권 아파트는 이

전 4년 대비 92% 증가한 81만 호, 전체 주택수 기준으로도 이전 4년 대비 38.1% 증가한 93만 9천 호가 새로 만들어졌다. 아파트 기준으로는 역대 가장 많은 주택 공급이 이루어졌다는 노태우정부 때인 1992년부터 1995년까지의 73만 2천 호보다도 10.6% 늘어났다. 범위를 좁혀 서울 아파트는 이전 4년 대비 48.7% 증가한 16만 5천 호가 4년간 공급되었다. 그것도 시민이 선호하는 아파트 중심으로 주택 공급이 대폭 늘어난 것이다. 공급 증가를 현 정부의 정책 효과로 볼 수는 없지만 적어도 공급 부족 문제만으로 집값이 상승했다고 보기는 어렵다.

다음으로 필요한 주택 공급, 즉 수요량을 보자. 일반적으로 주택의 수요 변화는 가구수 변화로 결정된다. 2030세대가 직장을 잡고 결혼을 하면서 가구를 형성하게 되는데 이들은 거주를 위해 반드시 주택을 필요로 한다. 아파트 실수요 측면에서는 오랫동안 2인 이상 가구를 주택의 수요자로 보았다. 1인 가구의 경우 구매력이 작은데다 거주 목적으로 집을 살 필요성도 많지 않아 제외한 것이다. 2014년까지 사용한 구 주택보급률은 주택 수요자를 2인 이상 가구로 정의했다. 1인 가구가 여럿이 거주할 수 있는 다가구주택을 하나의 주택으로 인정하는 등 1인 가구 대상의 주거 공간은 주택수에서 제외했다.

구 주택보급률 기준으로 볼 때 2017년부터 2020년까지 주택 수요(가구수)는 수도권 기준으로 23만 5천 가구가 늘어났다. 2013년부터 2016년까지 4년간 늘어난 가구수 대비 31%나 감소한 수치다. 서울의 주택 수요는 같은 기간 5만 4천 세대나 줄었다. 그 결과 2020

년 수도권과 서울의 구 주택보급률은 120%, 116%로 4년 대비 각각 10%p, 9.5%p나 상승했다. 상식적으로 생각하면 남는 주택이 가구 수의 20%대에 달한다면 통계상 절대적 공급 과잉 상태로 정의할 만하다.

더욱 주목할 점은 출산율 하락으로 인한 인구 감소, 인구 절벽 현상이다. 2020년 기준으로 가임 여성 1명당 출산율은 0.84명으로 2015년 1.24명에서 무려 0.4명이나 줄었다. 이처럼 인구가 급속히 감소한다면 장기적으로 필요한 주택수는 줄어들 수밖에 없다. 따라서 이미 공급 과잉 상태에 직면한데다 인구수 감소로 공급 과잉 상태는 갈수록 심해질 것이라고 볼 수 있다.

[2-4] 아파트 입주 물량과 수도권 아파트 매매 가격 상승률 추이

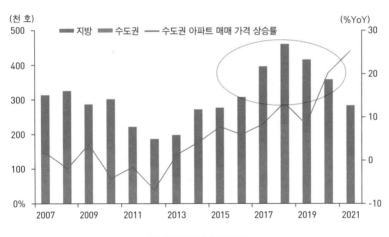

자료: 국토교통부, 부동산114

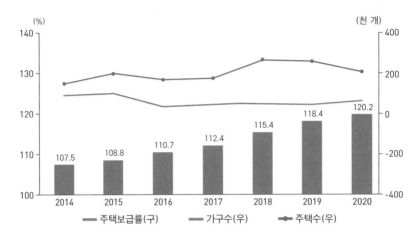

[2-5] 2인 이상 가구 관점에서 본 주택 수급 분석

(%) (천 개)

자료: 국토교통부, 2105년부터는 추정치임
주: 2인 이상 가구수와 주택수 순증을 토대로 추정

NOTE   주택 공급과 적정 공급량을 설명할 수 있는 차트이다. 주택보급률은 아파트의 실수요자라 할 수 있는 2인 이상 가구를 대상으로 한 구 주택보급률을 적용했다. 주택 공급은 시장의 우려와 달리 입주 기준으로 2017년부터 2020년까지 역대 최대로 충분히 이루어져 2인 이상 기준 주택보급률이 120%까지 상승했다. 실수요 관점에서 주택은 충분히 공급되었다. 그러나 공급 증가 구간에도 주택 가격은 계속해서 올라 큰 영향을 미치지 못하고 있음이 확인된다. 주택이 자산화된 국면에서는 결국 투기 수요, 과소비성 수요가 영향을 미친다는 뜻이다.

04

왜 정부는 늘어난 투기 수요를 막지 못했을까?

그럼에도 현실은 다르다. 이제는 대다수가 집이 부족하다는 데에 동의한다. 실제 주택 수급을 어느 정도 설명하는 전세 수급 지표 중 하나인 국민은행의 전세 수급 지수는 수도권 기준으로 2021년 6월 말 170.7을 기록했다. 100을 기준으로 부족 및 과잉 여부를 결정하는데 170.7이라면 공급 부족 상태가 매우 심각하다는 것을 뜻한다. 분명히 많은 주택 공급이 이루어졌는데 왜 부족하다는 것일까?

공급이 부족한 원인은 공급 자체의 문제가 아니라 수요 증가에서 찾을 수 있다. 무엇보다 투기 수요가 늘어나면 바로 집이 부족할 수 있다. 그렇다면 공급 문제는 과잉 유동성을 줄여 투기 수요 증가를 원천적으로 차단해야 한다. 그것이 어렵다면 투자자와 실수요자를 구분해 투자 수요를 규제하고, 투자 수익을 실현했을 때 상당 부분 회수해 기대이익을 낮추면 된다. 풍선의 바람을 빼는 것이 우선이고 그 다음이 핀셋 정책이 되어야 한다는 뜻이다.

한국 정부는 경기를 부양하기 위해 금리 인하, 금융 혁신 등 유동성을 늘리는 정책을 취했다. 거시적으로는 주택시장 부양책을 펼친 것이다. 대신에 투기 수요자와 실수요자를 구분해 투기 수요자를 선별 규제하는 방식, 즉 핀셋 정책을 썼다. 유동성 확대로 투기 수요가 늘어났으니 보다 촘촘한 핀셋 정책을 취하고, 기대수익을 철저히 환수해야만 정책 효과를 달성할 수 있다. 실제로 정부는 투기 수요를 억제하기 위한 수단으로 다주택자를 투기 수요자로 정의하고 주택수에 맞춰 규제의 정도를 차등화했다.

과거 주택 통계를 보면 일면 설득력이 있어 보인다. 2015년부터 2019년까지 4년간 주택은 수도권에서 72만 4천 호가 증가했지만 주택 보유 가구는 절반 수준인 37만 세대만 늘어났다. 서울은 더욱 경향이 뚜렷해 같은 기간 주택은 12만 3천 호가 증가했지만 주택 보유 가구는 17%에 불과한 2만 세대가 늘어나는 데 그쳤다. 다주택자가 상당 부분 공급 물량을 매수한 것이다. 결국 다주택자가 공급 부족 현상을 심화시켰다는 결론이 나온다.

지금까지 나온 정부의 규제 내용을 보면 쉽게 이해할 수 있다. 문재인정부 출범 직후인 2017년 8월 2일에 나온 부동산시장 안정화 대책을 보자. 주택담보대출 LTV와 DTI를 40~70%에서 40%로 낮추고 투기 지역은 주택담보대출을 1건으로 제한했다. 실수요자만 주택담보대출을 이용하도록 하고 다주택자는 주택담보대출을 차단해 투기 목적으로 집을 사지 못하도록 한 것이다. 뿐만 아니라 주택수에 맞춰 양도소득세를 차등화함으로써 투기로 얻은 수익률을 낮추는 데에 초점을 맞췄다. 모든 게 다주택자를 향한 규제였다. 그런데 다주택자만을 투기 수요자로 정의하자 각종 편법이 생기기 시작했고, 이후 추가 대책의 주요 내용은 다주택자의 편법적 주택 매수를 차단하는 데 있었다.

예를 들면 2018년 9.13 대책에서는 주택담보대출 대신 전세자금대출, 개인사업자대출을 이용하는 다주택자를 규제했다. 규제가 강화된 이후 법인과 신탁 명의 주택 투자가 늘어나자 이제는 법인과 신탁에 대한 규제를 강화해 다주택자가 주택을 매수하지 못하도록 했다. 법인의 종부세를 3%,[*] 취득세를 12%[**]까지 올리는 한편 신탁을 이용한 주택 투자 역시 2021년부터 납세자를 수탁자에서 위탁자로 변경한 것이 대표적이다. 특히 무엇보다 다주택자에게 강력했던 규제는 종합부동산세를 1.2~6% 중과하는 한편, 취득세를 8~12%까지 올린 것이다. 취득세는 종합부동산세만큼 규제의 허점이 적어 효과가 매우 컸다. 상당 기간의 집값 상승이라는 대가를 치르긴 했지만 결국 다주택자의 매수를 대폭 줄일 수 있었다.

드디어 2020년 하반기부터는 정부의 강도 높은 정책으로 투기 수

---

[*]   2020년 6.17. 주택시장 안정화 대책

[**]   2020년 7.10. 주택시장 안정화 대책.

요자를 제대로 규제할 수 있었다. 적어도 표면적으로는 정부의 강도 높은 정책이 완성되는 시점인 2020년 하반기부터 정부가 정의한 투기 수요자의 주택 매수가 어려워지고, 양도세와 보유세 인상으로 매물도 늘어날 것처럼 보였다. 따라서 정부뿐 아니라 주택시장이 안정화될 것으로 기대하는 전문가도 많았다. 그러나 정부의 의도와 달리 2020년 하반기 이후 국내 주택시장은 역대 최고의 과열 상황이 되었다. 사실상 정부 정책이 근본적으로 문제가 있음이 드러났다.

그 원인을 통계청의 자료로 추론해볼 수 있다. 다주택자의 연령별, 가구 구성원별 데이터를 보면 투자자의 상당수가 베이비붐 세대*의 은퇴를 위한 주택 투자와 밀접하게 연관되어 있음을 알 수 있다. 주택 소유 연령 추이를 분석해보면 60대 이상이 서울과 수도권 주택의 대부분을 매수한 반면 30대와 40대는 오히려 주택 보유 규모를 줄인 것으로 나타났다. 그 결과 서울과 수도권에 거주하는 60대 이상 가구주의 아파트 보유 비율은 각각 43.9%, 46.4%로 2015년 대비 2.2%p, 2.9%p 상승했다. 구체적으로 보면 서울과 수도권 기준으로 2016년부터 2019년까지 4년간 아파트를 매수한 60대 이상은 12만 4천 가구, 44만 세대가 늘어났다. 2030세대가 같은 기간 1만 2천 세대, 3천 세대 감소한 것과는 대조적이다.

다주택자에 대한 규제가 강화되자 그들은 주택 투자를 줄인 게 아니라 다른 편법을 이용했던 것이다. 합법적으로는 주택임대사업자에

---

*　전후 베이비붐의 사회적 경향으로 태어난 세대로 우리나라는 1955년~1963년에 태어난 세대를 이른다.

등록함과 동시에 자녀 명의 등으로 가구를 쪼개는 방법을 선택했다. 실제로 2017년 7,400건에 불과했던 서울의 증여 거래 건수는 2021년 상반기에만 23,700건으로 3.2배 증가했다. 전체 매매 거래의 5%에 불과했던 증여가 이제는 1/4 수준까지 늘어났다. 2021년 강남 3구의 증여 거래는 6,869건으로 매매 거래의 절반을 넘어섰다.

이와 같은 주택의 편법 투자는 1인 가구의 주택 매수 비중 증가로 나타났다. 다주택자에 대한 규제가 심해진 2017년부터 2019년까지 수도권에서 늘어난 아파트에서 1인 가구의 순매수 비중은 28.4%로 잔액 비중 11.9%의 두 배를 넘는다. 투기 수요가 더 많은 서울 아파트의 경우 1인 가구의 순매수 비중은 67.6%에 달한다. 한국 경제를 주도했던 베이비붐 세대가 은퇴 후 노후 대비용으로 아파트에 투자해왔음을 쉽게 추론할 수 있다.

2인 가구 이상의 주택보급률 기준으로 주택은 남아돈다. 그러나 1인 가구가 주택 매수의 주체로 등장하면서 주택은 부족해지기 시작했다. 실제 1인 가구를 포함한 변경된 기준의 주택보급률*을 적용해보자. 이 기준에 따르면 2020년 서울과 수도권 각각 96.4%, 98.3%로 여전히 100%를 하회한다. 2017년부터 2020년까지 4년간 서울과 수도권에는 각각 19만 8천 호, 89만 6천 호로 역대 최대 수준의 주택이 공급되었다. 그럼에도 투자 수요와 공급 부족 문제는 해소되지 않고 있다. 실제로 수도권 주택보급률은 4년간 0.15%p 개선에 그쳤고, 서울은 오히려 0.87%p나 하락했다. 투기 수요는 주택수 중심의 규제로 억제

---

*   1인 가구를 기준으로 주택수를 계산하는 방식. 다가구는 가구수로 주택수를 산정함.

할 수 없다. 이를 충족하려면 더 많은 집의 공급이 필요하다.

[2-6] 1인 가구를 포함한 서울과 수도권의 주택보급률 추이

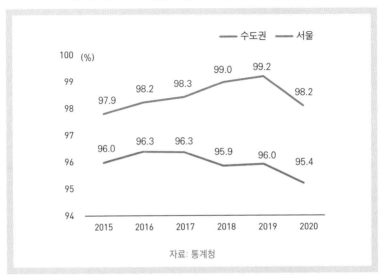

자료: 통계청

[2-7] 수도권 주택보급률 기준 주택수와 가구수 순증 추이

자료: 통계청, 2020년은 추정치

[2-8] 서울과 경기·인천 아파트 거래 중 증여 비중 추이

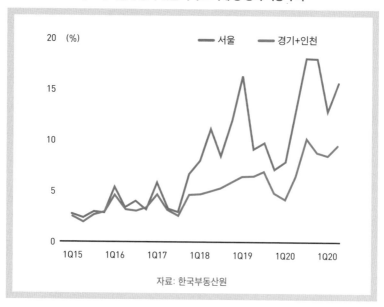

자료: 한국부동산원

[2-9] 무주택자와 다주택자의 기간별 주택 매수 비교

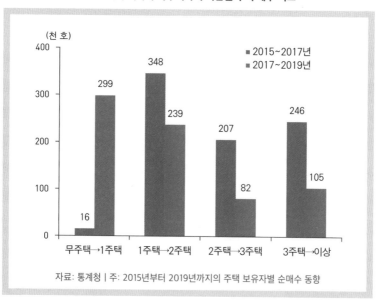

자료: 통계청 | 주: 2015년부터 2019년까지의 주택 보유자별 순매수 동향

NOTE [2-6,7]은 주택 공급 부족의 원인을 확인할 수 있는 주택보급률 지표다. 이 지표를 통해 주택보급률 정체 원인을 주택 공급 물량이 아닌 가구수 증가에서 찾을 수 있다. [2-8]은 가장 인기 있는 투자 자산인 서울과 수도권 아파트의 증여 거래 추이를 나타낸 차트이다. 양도세와 종부세 규제 강화로 증여 비중이 높아지고 있음을 시사한다. 이런 관점에서 볼 때 1인 가구 증가의 원인은 세금 회피를 위한 가구 분할이 상당히 포함되었을 것으로 추정된다.

05

수요 증가의
원천은
주택에 대한
과소비 탓!

다주택자가 집을 사는 행위만이 투자가 아니다. 거주 목적뿐만 아니라 기대수익을 생각하고 집을 구매할 수도 있다. 무주택자가 가격이 오를 수 있고 많은 사람이 선호하는 새 아파트나 주거 환경이 좋은 아파트를 무리해서 구매하는 것도 넓은 의미에서는 투자의 영역이라 할 수 있다.

예를 들면 이렇다. 집이 투자재로 바뀌자 신혼부부 등 세입자 가구가 무리해서 주택 구매 시기를 앞당긴다. 과거에는 돈을 모을 때까지 전세로 살다 충분한 자금이 모이면 집을 구매했다. 그러나 이제는 투자 심리가 커지면서 부모의 지원금과 대출을 이용해 결혼하자마자 집을 산다. 이런 추세는 통계청 자료에서도 확인된다. 수도권 기준으로 2017년부터 2019년까지 3년간 2인 가구의 아파트 순매수는 54.5%로 가장 많은 비중을 차지한다. 과거에는 3인 가구가 주택의 핵심 매수 주체였는데, 이제는 신혼부부 가구로 바뀌었음을 시사하는 통계 자료다. 보유 기준으로는 3인 가구가 28.3%로 여전히 가장 많은 비중을 차지하고 있어 과거의 추세를 엿볼 수 있다.

1주택자도 다양한 방식으로 주택 투자를 늘릴 수 있다. 다세대주택을 살 형편밖에 안 되는 가구가 중소형 아파트를, 중소형 아파트를 살 가구가 고가의 대형 아파트를 구매할 수도 있다. 수익을 극대화하기 위해서는 보유하고 있는 두 채의 아파트를 팔고 고가의 하나의 아파트로 이주할 수도 있다. 집에 대한 투자는 주택수와 무관하다는 말이다.

결론적으로 전 국민 주택 투자 시대로 전환되었는데 정부는 여전히 투기 수요자를 다주택자로 한정함에 따라 늘어난 투기 수요를 통제할 수 없게 되었다. 이 점이 다주택자에 대한 규제를 강화해도 집값을 통제하지 못한 결정적인 이유다. 그렇다면 이런 모든 투기 수요만 억제하면 집값을 잡을 수 있을까?

자동차와 같은 내구소비재를 예로 들어보자. 모든 재화의 가격은 수요와 공급에 의해 결정된다. 외부 요인에 의해 가격이 상승하면 수요가 줄어들고 공급이 늘어나 가격이 다시 하락하면서 안정을 되찾는다. 설사 수요가 일시적으로 급증하더라도 제조업체는 이에 상응하는 공급을 늘릴 것이기 때문에 가격이 크게 오른 상태에서 장기간 유지되는 경우는 많지 않다.

그런데 자동차 시장의 장기 추세를 보면 개인의 고급차 선호도가 높아지면서 점차 자동차의 평균 구매 단가가 올라가는 현상을 찾아볼 수 있다. 노트북, TV 등 각종 내구재가 시간이 지날수록 가격이 하락하는 것과는 대조적이다. 2010년에는 아반떼급의 중소형 자동차가 전체 내수의 40%를 차지한 반면 그랜저급 이상의 고급차는 18%에 불과했다. 그러나 2020년에는 고급차 판매가 전체의 58%를 차지한 반면 중소형 자동차는 24%로 줄어들었다. 같은 기간 가처분소득이 45%밖에 오르지 않았는데 이런 구매 변화를 소득 증가만으로 치부하기는 어렵다. 이와 같은 개인의 자동차 구매 선호가 변화한 원인은 여러 곳에서 찾을 수 있다. 이 가운데 무엇보다 리스나 할부 등 금융 접근성이 확대되어 금융 비용이 줄어들면서 실질 구매 비용이 하락한 것을 들 수 있다. 자동차를 리스나 할부로 구매하게 되면서 소비자는 자동차의 액면 가격보다 리스료나 이자 비용 수준으로 구매 여부를 결정하기 시작한 것이다. 이런 현상은 현금 구매보다 리스 구매가 일반적인 미국 자동차 시장에서 쉽게 찾아볼 수 있다. 리스 시장이 활성화되고 저금리 정책 효과로 리스료가 저렴해지면서 대다수 중산층은 고급차를 보다 쉽게 이용할 수 있었다. 같은 값에 더 좋은 차를 살 수 있다면 고급차를 이용하지 않을 이유가 없다.

이제 자동차 대신 집으로 바꿔 생각해보자. 집 또한 자동차와 같은 장기간 소비가 가능한 내구소비재이자 필수재다. 금융을 이용해 소비하는 기간 동안 원금을 나누어 지급해 구매하면 사람들은 예전보다 쉽게 집을 살 수 있다. 실제로 주택담보대출 만기는 30년에서 40년으로 늘어났고, 이에 따라 더 적은 현금과 원리금 상환 부담으로 당초 계획보다 더 좋은 집을 살 수 있다. 즉 개인의 신용 창출 능력이 구매력이 되어 과거보다 더 좋은 집을 소비하는 시대, 집의 과소비 시대가 도래한 것이다.

부동산 금융이 보편화되고 개인의 집에 대한 과소비 행태가 늘어남에 따라 주거 패턴도 바뀌기 시작했다. 금융의 도움으로 은퇴한 60대 이상 가구가 자녀를 분가시킨 뒤에도 주택을 매도하거나 소형 아파트로 이사하지 않고 거주할 수 있게 되었다. 더군다나 한국은 재산세, 종부세 등 보유세가 선진국에 비해 높지 않은데다 장기 보유한 고령층 1주택자 가계에는 추가로 세금을 감면해주고 있다. 대형 주택의 공급 부족 현상으로 가격 상승 기대감은 더욱 높아지고 있으니 은퇴 후 소형 아파트나 서울을 떠나 교외로 이주할 유인이 사라졌다.

신혼부부의 주거 패턴도 많이 달라졌다. 과거에는 결혼 후 상당 기간 부모와 함께 거주하거나 분가하더라도 소형 다가구, 다세대주택 등 소득 수준에 맞는 주택을 선택했다. 그러나 이제는 다르다. 분가가 일반적인 현상이 되었고, 부모의 지원과 전세자금대출을 이용해 처음부터 도심지의 중형 아파트에 거주하려고 한다. 2018년 1분기 한국은행 금융안정보고서에 따르면, 3대 시중은행 기준으로 전세자금대출이 전세보증금에서 차지하는 비중이 70%를 넘는 대출이 42%를 차지한다.

한편으로는 주택 공급이 역대 최대 수준을 기록하고, 혼인 건수가 10년 만에 35%나 줄어드는 등 인구가 계속 감소하는 추세다. 이제 장기적으로는 공급 과잉을 걱정해야 할 듯하다. 그럼에도 집이 부족한 원인을 다주택자 탓으로만 돌리는 것은 문제가 있다. 인구밀도가 1제곱킬로미터당 515명으로 한국이 OECD 국가 중 1위를 기록하는 상황에서 모두가 주택 투자에 몰두하고, 자신의 형편과 상관없이 더 좋은 집을 선택하려 한다면 혼인 건수가 절반 이하로 줄어도 집은 부족할 수밖에 없다.

유동성 확대와 집의 수요를 억제하는 정책을 동시에 취한 나라가 한국만 있는 것은 아니다. 여타 선진국도 경기침체로 어쩔 수 없이 저금리 정책을 취하고 미시적 규제로 집값 안정을 도모했다. 다만 미국 등 선진국은 주택수로만 수요를 구분해 통제하지 않았다는 차이가 있다. 투기 수요와 과소비를 모두 억제할 수 있는 정책을 제시한 것이다. DSR 도입, 원리금 상환 비중 확대, 금융 소비자 보호 강화를 통해 대출 절차를 까다롭게 했고 대출금리도 높였다. 뿐만 아니라 주택 보유 비용을 높게 유지해 은퇴 후에는 도심에서 불필요하게 비싼 집을 소유하지 못하게 유도했다. 실제로 1% 이상의 재산세에 주택 보험, 멜로루즈 세금Mello-Roos Tax,* HOA** 등을 포함할 경우 세금은 집값의 2%에 근접한다. 이 기준으로 강남 3구의 평균 매매 가격 22억 원 아파트에 살기 위해서는 대출 원리금을 제외하고 월 370만 원 이상의 주거 비용을 부담해야 한다는 뜻이다.

---

*   특정 지역 내의 특별 세금. 캘리포니아 주에서 과세.

**   한국의 아파트 관리와 유사한 개념으로 타운하우스의 경우 수영장 등 편의시설 관리비까지 포함.

06

기준금리 인하가 주택 가격 폭등의 주범은 아닐까?

미래 기대수익이 동일하다면 헷지펀드 투자자의 투자 수익을 결정짓는 변수는 레버리지 규모와 비용이 될 것이다. 10억을 투자해서 1년간 1억의 수익을 냈다고 가정하자. 10억 원 전액을 현금으로 투자했다면 10%가 수익률이다. 여기서 5억 원을 5%로 빌렸다면 같은 돈으로 투자수익률은 15%로 상승하며, 8억 원을 1%에 빌렸다면 46%까지 상승한다. 대출한도와 금리에 따라 투자수익률이 크게 달라지는 것을 알 수 있다. 주택담보대출, 전세보증채무 등 부채를 이용한 주택 투자는 헷지펀드의 레버리지 투자와 다르지 않다. 투자 주체가 개인인지 기관투자가인지가 다를 뿐이다.

이제 주택담보대출 등 은행에서 빌릴 수 있는 대출금리를 알아보자. 대출금리는 은행 조달 금리에 해당되는 기준금리와 판매관리비, 대손비용 등 각종 비용에 덧붙이는 가산금리로 나눌 수 있다. 만일 미국처럼 대출금리가 고정금리로 30년 만기 모기지 채권에 연동된다면 대출금리는 시장금리에 영향을 받는다. 그러나 한국에서는 주택담보대출뿐 아니라 전세자금대출, 신용대출, 개인사업자대출 등 모든 대출이 레버리지 수단이 될 수 있다. 이런 가계대출의 기준금리는 코픽스, CD, 은행채 등 1년 이내 단기 금리에 연동된다. 장기 금리는 시장 금리에 영향을 많이 받지만 단기 금리는 절대적으로 한국은행 기준금리에 영향을 받을 수밖에 없다.

여기서 은행의 대출 태도가 무엇보다 중요하다. 한국은행이 기준금리를 인하하면 대출금리가 하락하면서 은행의 이익률이라 할 수 있는 예대마진이 줄어든다. 이익률이 줄어들다 보니 은행은 이를 보전하기 위해 1인당 대출한도를 경쟁적으로 늘려 수익을 보전한다. 삼성전자가 경쟁 심화로 스마트폰의 가격이 하락하면 매출 수량을 늘려 이익을 보전하는 전략과 같다.

결국 중앙은행의 기준금리 인하는 미국의 헷지펀드처럼 부동산 투자자의 레버리지 비용을 낮추고 한도를 늘려 기대수익률을 높이는 결정적인 요인으로 작용한다. 기준금리 인하가 미국에서는 주식 투자 수요를 늘려 주식시장을 부양했지만, 부동산 의존도가 높은 한국에서는 주택 투자 수요를 늘려 주택시장을 과열로 만든 결정적인 변수가 된 이유가 여기에 있다.

주목할 점은 한국 중앙은행은 최근 5년간 주요 선진국 가운데 뉴질랜드, 호주에 이어 가장 많이 기준금리를 낮췄다는 것이다. 한국은행은 2014년 7월 2.5%에서 2020년 5월 0.5%까지 5년간 2.0%p를 인하했다. 현 정부가 잠깐 두 차례 인상했지만 2019년 6월부터 다시 1.25%p나 인하하는 등 역사상 유례없는 저금리 정책을 펼쳤다.

결국 정부의 불완전한 핀셋 정책에 기준금리 인하로 투기 수요를 자극하자 투기 수요는 급격히 늘어났다. 불완전한 규제 정책은 오히려 편법 투자의 장이 되어 부채 위험을 높이는 요인으로 작용했다.

기준금리 인하 효과는 투기 수요를 부추기는 역할만 한 것이 아니다. 리스료가 자동차의 실질적인 가격 역할을 하듯이, 주택금융이 보편화되면서 원리금 상환 부담이 주택의 실질 가격으로 전환했다. 예를 들면 A씨가 5억 원의 주택을 4억 원의 주택담보대출을 이용해 구매했다고 가정하자. 고정금리 3%, 30년 만기 대출을 이용한다면 연 2천만 원의 이자 비용이 발생한다. 구매자의 연봉이 5천만 원이라면 감내할 수준이라 할 수도 있다. 그런데 금리가 2%로 하락하면 이자 부담은 줄어들어 같은 비용으로 이전 가격보다 14% 높은 5억 7천만 원짜리 아파트를 구매할 수 있다. 실수요자 입장에서는 7천만 원이 싸지면서 같은 비용으로 더 좋은 집을 선택할 수 있는 기회가 생긴 것이다.

이처럼 금리가 하락하면 주택의 과소비는 더욱 강하게 나타난다. 집을 투자 목적으로 더 사지 않더라도 금리가 하락하고 가계의 대출 접근성 확대로 대출한도가 늘어나면 무주택자나 1주택자가 자신의 능력(소득 수준) 대비 더 크고 좋은 집을 사거나 바꾸려 하는 이유가 여기에 있다. 앞서 설명했듯이 신혼부부, 60대 이상 은퇴 가구 등 소득이 상대적으로 적은 가구의 주택 소비가 더욱 늘어날 수 있다는 뜻이다. 미국 역시 투기 수요를 DSR과 원리금 분할 상환을 통해 규제했지만 기준금리를 낮추자 집값은 크게 올랐다. 투기 수요보다는 금리 하락으로 실수요자의 실질 구매력이 늘어났기 때문이다. 따라서 기준금리 인하폭을 놓고 볼 때 한국이 세계 주요 선진국 가운데 가장 많이 집값이 오른 것은 결코 우연이 아니다. 마찬가지로 기준금리 인하폭이 컸던 뉴질랜드, 호주 역시 한국보다는 덜하지만 심각한 집값 폭등 현상을 겪고 있다.

[2-10] 기준금리를 상대적으로 많이 낮춘 한국의 중앙은행

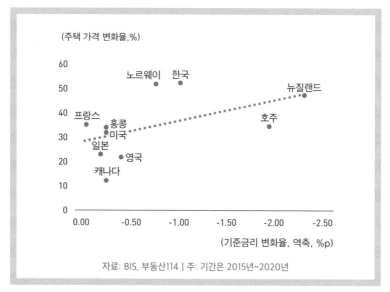

자료: BIS, 부동산114 | 주: 기간은 2015년~2020년

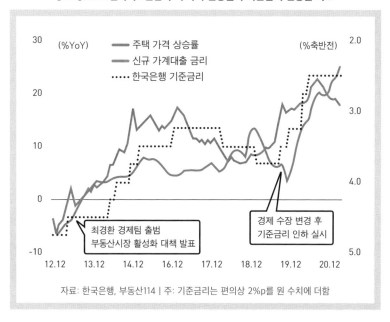

[2-11] 2020년까지 5년간 주택 가격 변동률과 기준금리 변동률 비교

주택 가격 상승률
신규 가계대출 금리
한국은행 기준금리

(%YoY)   (%축반전)

최경환 경제팀 출범
부동산시장 활성화 대책 발표

경제 수장 변경 후
기준금리 인하 실시

자료: 한국은행, 부동산114 | 주: 기준금리는 편의상 2%p를 원 수치에 더함

NOTE   중앙은행의 통화 정책이 주택 가격에 얼마나 영향을 미치는지를 분석한 차트이다. [2-10]은 2020년까지 5년간 해외 주요 선진국과의 비교를 통해 주택 가격과 통화 정책 사이의 상관관계를 찾아본 차트이다. [2-11]은 한국은행의 기준금리 인하가 가계대출 금리와 주택 가격에 얼마나 영향을 미쳤는지를 추론해볼 수 있는 차트이다. 주택이 자산이 되면서 돈(유동성)의 힘에 의해 가격이 결정되는 시대가 되었다. 돈의 가격이라 할 수 있는 대출금리가 한국은행의 기준금리에 절대적인 영향을 받는다는 것을 시사한다. 돈을 많이 풀면 대체 자산인 주택 가격이 오르는 것은 전 세계에 통용되는 논리다.

07

금융 혁신은
주택시장 과열의
책임에서
자유로울까?

앞서 말했듯이 빚은 우리에게 필요한 존재다. 엄청난 사회적 편익을
제공하기 때문이다. 그러나 문제는 빚을 갚지 못했을 때다. 약속한 원
리금을 일정 기간 안에 갚지 못하고 연체하면 남은 원금을 한꺼번에
갚아야 한다. 만약 갚지 못하면 담보로 제공한 집을 빼앗기고 신용불
량자로 전락할 수 있다. 신용불량자는 현대의 경제인을 지옥의 나락
으로 떨어뜨린다. 따라서 빚은 필요하지만 과용하면 언젠가 그 대가
가 돌아오는 '향정신성의약품'과 같다. 그럼에도 정부는 향정신성의
약품과 같은 존재를 더 많은 사람에게 더 쉽게 더 많은 금액을 대출해

주도록 직간접적으로 지원했다.

대출금리를 낮추고 1인당 대출한도를 늘리는 방법은 기준금리를 인하하는 것만 있는 게 아니다. 첫 번째는 대출 보증을 확대하는 것이다. 신용도가 상대적으로 낮은 무주택자에게 최대 5억 원의 대출을 은행이 쉽게 제공할 수 있도록 정부 투자기관을 이용해 전세자금대출을 최대 90%까지 보증해주는 방안이다. 은행 입장에서는 마진만 확보되면 대출한도를 가능한 범위 내에서 늘리지 않을 이유가 없다.

두 번째는 금융 소비자에게 더 쉽게 더 빨리 대출을 제공할 수 있도록 대출 접근성을 개선하는 것이다. 금융 혁신을 통해 비대면 활성화를 추진하고, 금융회사의 신규 진입 허용을 통해 경쟁 강도를 높이는 방안이다.

박근혜정부는 인터넷전문은행의 신규 설립을 허가했다. 은행업 허가는 노태우정부 이후 처음 있는 일이었다. 노태우정부 당시 허가를 받은 은행들은 오래전 파산하거나 기존 은행에 흡수 합병되었다. 현 정부는 인터넷전문은행을 적극 지원하는 한편 신규 은행 허가와 유사한 영향을 미칠 수 있는 핀테크 산업을 4차 산업의 핵심 산업으로 지정하고 다양한 방식으로 집중 육성했다. 오픈뱅킹 허용에 이어 금융 플랫폼 상에서 대출금리 경쟁을 할 수 있도록 데이터 3법을 통과시켰고, 나아가 종합지급결제업 허용을 위한 특정금융거래법 수정안을 준비하고 있다. 마이데이터 산업, 대환대출 플랫폼 등이 현 정부의 핀테크 산업 육성에 따른 정책의 주요 결과물이다.

정부 지원에 힘을 얻은 인터넷전문은행, P2P사 등 새로운 신규 업체들은 가장 먼저 비대면 신용대출 시장에 뛰어들었다. 인터넷과 모바일을 통한 비대면 대출은 전혀 새로운 것이 아니었다. 그러나 인터넷전문은행이 업계 최저 수준의 금리와 한도의 대출 조건을 내걸자 고객은 폭발적으로 증가했다. 그러자 기존 대형 은행도 비대면 대출 시장에 적극적으로 뛰어들어 시장은 본격적으로 활성화되었다. 이에 따라 어느 정도 경력이 있는 직장인이라면 많게는 소득의 두 배를 몇 분 만에 받을 수 있는 대출 자판기 시대가 되었다.

신용대출은 과거 통계상 가장 부실화 위험이 높다. 대출 용도를 제한하지 않아 부동산, 주식, 가상자산, 나아가 도박 등으로 이용되어도 막을 방법이 없다. 왜냐하면 대출을 받으면서 상환 의지가 떨어지는 위험*을 신용평가 시스템에 반영하기 어렵기 때문이다. 여기에 금리를 낮추고 대출한도를 1~2억 원까지 늘려준다면 대출금의 대부분이 부동산, 주식, 가상자산으로 흘러 들어가는 것은 어찌 보면 당연한 일이다. 이런 이유로 미국에서는 인터넷 대출을 제공한 순수 인터넷전문은행의 상당수가 도산했고, 한국의 조흥은행, 한솔저축은행 등의 인터넷 대출이 경영 존립의 위협 요인이 된 적이 있을 정도다.

실제로 2016년 말 은행 신용대출 규모는 109조 원에 불과했지만 2020년 말 182조 원으로 주택담보대출 증가율 2.7%의 5배가 넘는 연평균 13.7%씩 성장했다. 인터넷전문은행의 시장 침투 전략은 더 많은 한도와 더 낮은 금리로 기존 은행에게서 고객을 빼앗아오는 것이다. 이런 이유로 인터넷전문은행의 공격적 경영 전략은 기존 은행의 한도와 금리 경쟁을 격화시키는 요인으로 작용했다. 문제는 2017년 상반기 늘어

---

*   이를 모럴헤저드, 즉 도덕적 해이라고 함.

난 신용대출 가운데 1억 원 이상 비중이 30%에 불과했으나 2017년 하반기 60%, 2019년 상반기에는 69%까지 늘어났다. 신용대출이 1억 원이 넘는다면 이 자금의 대부분은 부동산 투자에 이용됐을 가능성이 높다. 지금까지 집값 상승률과 가장 높은 상관관계를 보인 통계는 가계대출 증가율이다. 주택담보대출 말고는 별다른 레버리지 수단이 없었던 때는 주택 가격과 주택담보대출이 높은 상관관계를 보였다. 그러나 신용대출, 전세자금대출이 활성화되면서 상황이 역전되었다. 주택담보대출과 집값과의 상관관계는 낮아진 반면 신용대출, 전세자금대출이 대부분인 기타 가계대출과 집값과의 상관관계가 높아진 것이다. 정부의 인터넷전문은행 육성과 핀테크 산업 활성화 정책이 적어도 주택의 수요를 부추겨 가격 상승을 유발했다는 점은 부인하기 어려울 듯하다.

[2-12] 가계대출 증가율과 주택 가격 상승률과의 관계

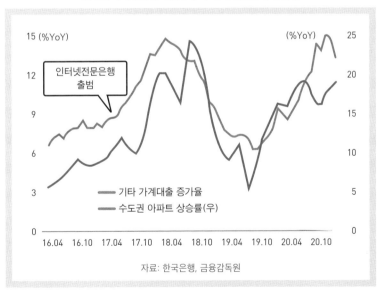

자료: 한국은행, 금융감독원

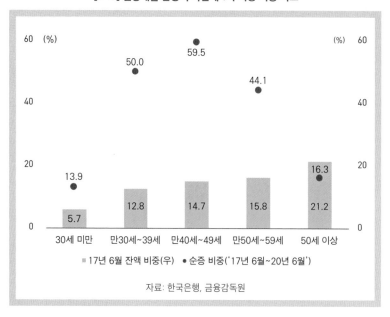

[2-13] 신용대출 순증액 가운데 1억 이상 비중 비교

■ 17년 6월 잔액 비중(우)　● 순증 비중('17년 6월~20년 6월')

자료: 한국은행, 금융감독원

NOTE　　[2-12]는 전세자금대출, 신용대출, 개인사업자대출 등과 주택 가격과의 관계를 파악한 차트이다. 이런 대출들이 주택 매수의 주요 자금으로 등장하면서 과거와는 다른 양상을 보인다. [2-13]은 신용대출의 특징을 설명하는 차트이다. 30대와 40대의 경우 순증 기준으로 1억 원 이상 대출이 절반을 넘어서고 있다. 1억 원이 넘는다는 것은 은행이 대출한도를 과도하게 제공했고 그 자금의 상당액이 주택 투자에 이용되었음을 시사한다.

08

역대 최고
주택 가격
급등의
진앙지는?

현 정부 출범 이후인 2017년 6월부터 2021년 6월까지 4년간 수도권 전세 가격*은 39.2% 상승해 이전 정부의 60.0%에 이어 두 번째로 높은 상승률을 기록했다. MB정부 38.6%, 참여정부 26%와 비교해도 높은 전세 가격 상승률이다. 과거 주택 가격 상승률이 높았던 시기에도 전세 가격은 비교적 낮은 상승률을 기록했다. 주택 가격 상승 구간에는 다세대주택 등 주택 공급이 늘어나 임차 수요가 주택 매수 수요로 전환해 전세 수요가 줄어들었다. 주택 가격 하락 구간에는 신규 공급이 줄어든 반면 임대인의 가격 상승 기대감이 사라져, 전세 가격을

---

* 부동산114 전세 평균 가격 상승률 기준.

올리면서 전세 가격이 상승했다. 그러나 박근혜정부 후반부터 지금까지 집값과 전세 가격이 동행하는 현상을 보이기 시작했다.

이처럼 집값과 전세 가격이 같이 오르기 시작한 것은 전세 가격이 상승하면서 전세가율이 높아지면서부터다. 전세가율이 높아지자 주택담보대출을 이용한 갭투자가 주택 투자의 대안으로 떠올랐다. 더욱이 주택담보대출 규제 강화로 LTV가 40%로 낮아진 반면 전세가율은 60~70%로 오르면서 갭투자가 기존 주택담보대출 중심의 주택 투자 방식을 대체했다.

전세가율이 오른다는 것은 주택담보대출의 LTV가 상승해 집값과 전세보증채무의 차액, 즉 매수자가 내야 할 현금이 줄어든다는 뜻과 같다. 내야 할 현금이 줄어들면 적은 돈으로 더 비싼 집, 더 많은 집을 투자할 수 있다. 실제로 서울과 경기도 전세가율*은 2008년 말 각각 37%, 38%였다. 전세를 끼고 집을 사려고 해도 50~60%의 현금이 필요해 갭투자만으로 집을 살 수 없다는 뜻이다. 그러나 집값이 안정화되고 금리가 하락하면서 전세가율은 2015년 말 한때 각각 77%, 79%**까지 올랐다. 집값의 20~30%의 현금만 있어도 주택담보대출로 집을 살 때보다 훨씬 적은 돈으로 살 수 있는 것이다.

집을 보유한 다주택자 입장에서는 갭투자가 주택 투자의 일반적인 방식이 되었다. 집주인은 기존 임대차 계약을 갱신하면서 세입자로부터 수천만 원에서 수억 원에 달하는 전세보증금을 추가로 확보했다. 예

---

*   부동산114 전세가율, 재건축 아파트 제외 기준.

**   부동산114 전세가율, 재건축 아파트 제외 기준.

를 들면 2년 전 서울 아파트 평균 전세 가격이 5.2억 원이고 최근 신규 거래 가격이 46% 오른 점을 고려하면 신규로 계약하는 다주택자는 건당 평균 2.4억 원의 현금을 더 확보하게 되는 셈이다. 주택 투자 경험이 많은 전문 투자자라 할 수 있는 임대인(집주인)은 늘어난 전세보증금을 종잣돈 삼아 주택 투자를 더욱 늘렸다. 통계청 자료에 따르면, 상대적으로 다주택자에 대한 규제가 적었던 2015년부터 2017년까지 2년간 늘어난 주택 81만 6천 호 가운데 유주택자가 98%를, 이 가운데 이미 임대를 하는 다주택자가 절반 이상을 가져갔다. 이처럼 전세가율이 오르면서 집이 본격적으로 투자 자산으로 탈바꿈한 것이다.

한편 그동안 전세가율이 내리면 현금 투자 비중이 늘어나 갭투자가 줄어들고, 따라서 주택 가격도 하락했다. 그러나 2017년 하반기부터는 전세가율과 상관없이 갭투자가 다시 늘어났다. 2018년 말 전세가율은 서울과 경기 기준 58%, 70%까지 하락했으나 서울 아파트 거래 중 갭투자 비중은 2017년 10월 21.2%에서 2018년 9월 56.1%까지 상승했다. 2017년 8.2 부동산 안정화 대책에 이어 한국은행도 기준금리를 인상했지만 결과적으로 서울 아파트 실거래가지수는 23%나 상승했다. 인터넷전문은행 설립 이후 대출을 보다 쉽게 받을 수 있었고, 은행 간 신용대출과 전세자금대출 경쟁이 가속화되면서 기존금리 인상에도 대출금리가 하락했기 때문이다.

더욱이 최근 가파른 전세 가격 상승은 임차인의 투자 수요를 자극하는 결정적인 계기로 작용했다. 전세 가격과 주택 가격이 동시에 오르자 임차인도 어쩔 수 없이 갭투자에 뛰어든 것이다. 예를 들면 전세보증금은 전세대출로 지급하고 보유한 현금을 매입 자금으로 활용해 주택을 구매하는 방식이다. 가파르게 오르는 가격 상승에 지금이라도 편승하지 않으면 영영 집을 사지 못할 것이라는 불안이 겹친 것으로 보인다. 이는 전세자금대출 증가율과 전세 가격 상승률 통계 자료를 통해서도 쉽게 추론이 가능하다.

2020년 말까지 5년간 전세자금대출이 281%나 늘었지만 실거래 전세 가격은 전국 기준으로 26.9% 상승했다. 전세자금대출 증가율이 전세 가격 상승률의 10배 이상 증가했다는 것은 상당 규모의 전세자금대출 자금이 주택의 매입 자금, 즉 갭투자 용도로 이용되었음을 시사한다. 여타 선진국과 달리 대출은 쉽게 받을 수 있고, 대출의 자금 용도를 엄격히 제한하지 않는 까닭이다.

정부도 뒤늦은 2019년 12월 전세자금대출을 이용한 주택 투자를 규제하기 위해 9억 원 초과 주택 또는 2주택 구입 시에는 대출을 회수하도록 했다. 2020년 6월 17일부터는 전세자금대출을 받아 투기지역, 투기과열지구 내 3억 원 이상 아파트를 구입하는 경우에도 대출을 회수하기로 했다. 그러나 전세자금대출로 6개월에서 1년 뒤에 주택을 구매하면 이 사실을 은행에 보 고할 의무는 없다. 은행 역시 그 사실을 알았다 하더라도 고객 서비스 등을 고려해 대출금 회수를 미룰 가능성이 높다. 결국 정부 규제가 더 강화되었음에도 전세대출, 신용대출을 이용하는 갭투자는 더욱 늘어날 것으로 보인다.

[2-14] 2019년 하반기 이후 주택 가격 상승 요인 분석

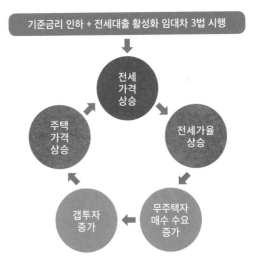

[2-15] 역대 정부별 전세 가격 상승률 비교

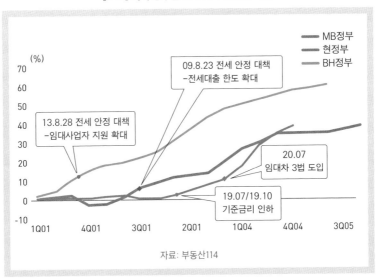

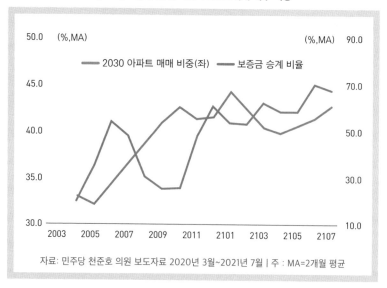

[2-16] 보증금 승계 비율과 2030세대 매수 비중

자료: 민주당 천준호 의원 보도자료 2020년 3월~2021년 7월 | 주 : MA=2개월 평균

NOTE　　　[2-15]는 현 정부와 이전 정부 간 전세 가격 추이와 상승 요인을 비

교한 차트이다. 역대 정부 사례를 볼 때 전세자금대출 한도 확대, 기

준금리 인하 등이 전세 가격 상승의 주된 요인으로 작용했다. 특히

현 정부에서는 2019년 하반기 기준금리 인하. 2020년 7월 임대차

3법이 전세 가격 상승의 결정적인 요인으로 작용했다. [2-16]은 전

세 가격이 높아지자 무주택자의 주택 매수 수요가 증가하고, 주택

담보대출 LTV보다 전세가율이 높아지자 갭투자가 급격히 늘어나

는 현상을 나타낸 차트이다.

09

위험의
온상인
갭투자를
키운
전세자금대출

전세는 한국만이 갖고 있는 유일한 임대차 제도다. 투자자(임대인)는 제도권 금융을 이용하지 않고도 주택을 투자할 수 있는 수단으로, 세입자는 집을 시세보다 저렴한 비용으로 거주하고 목돈을 마련할 수 있는 징검다리 역할을 해왔다. 그러나 제도권 금융권이 활성화되면서 전세의 필요성이 줄어들었고, 세입자도 높은 전세 가격 상승 부담으로 전세의 이용 빈도가 줄어들었다. 2010년 12월 전국 기준 79.1%를 기록했던 전세 거래 비중은 2015년 12월 63.1%까지 떨어졌다. 상대적으로 전세 거래 비중이 높은 서울도 85.5%에서 62.9%까지 하락했다. 이대로라면 전세 제도가 사라질 수도 있는 상황이었다.

그러나 역대 정부는 전세자금대출 확대 지원을 통해 전세시장을 유지하려고 했다. 전세 가격 상승과 동반하여 나타난 전세의 월세화 현상을 임대주택 공급 확대 또는 바우처 지원 등을 통해 정착시켰다면 주택시장 상황은 지금과 크게 달랐을 것이다. 2009년 전월세시장 안정화의 일환으로 주택금융공사 전세자금대출 보증한도를 1억 원에서 2억 원으로, 2016년에는 서울보증보험의 보증한도를 5억 원까지 늘렸다. 공급에 비해 수요가 많아 전세 가격이 오르는데 구매력을 지원하는 정책을 펼친 것이다. 시기상 전세 지원을 통해 주택시장을 부양하려 했던 것으로 보인다.

전세자금대출이 급격히 늘어나면 전세 가격이 빠르게 상승하는 이유는 뭘까? 전세자금대출은 만기 전까지 이자만 지급하고 만기에 전세보증금으로 원금을 상환하는 방식이다. 따라서 주택담보대출과 달리 만기 전까지 원리금 상환 부담이 없다. 세입자가 전세자금대출을 이용하면 전세는 감가상각이 없는 리스와 같다. 자동차 리스시장이 활성화되면 리스료가 실질적인 가격 역할을 하듯이 전세자금대출이 활성화되면서 전세 가격 대신 매월 내는 이자(=리스료)가 실질 가격 역할을 한다. 그래서 전세 가격과 함께 전세자금대출 금리가 실질 가격을 결정짓는 변수가 된 것이다. 더욱이 정부가 전세자금대출에 대해 전세보증금의 80%, 5억 원까지 대출한도를 확대해 대출의 영향은 더욱 커졌다.

먼저 이런 여건에서 전세 가격 상승을 유발하는 결정적인 정책은 한국은행의 기준금리 인하다. 정부가 보증함에 따라 대출금리에서 가산금리가 차지하는 비중이 낮아 기준금리 인하 정책 효과가 가장 많이 발생하기 때문이다. 실제로 한국은행이 기준금리를 2019년부터 지금까지 대략 1.25%p 인하했는데, 주택금융공사 보증 대출금리는 3.15%에서 2021년 4월 2.13%로* 1.02%p나 하락했다. 같은 기간 주택담보대출 금리는 0.34%p, 신용대출 금리는 0.46%p 하락해 전세자금대출 금리 하락폭이 두 배 이상 컸던 것으로 분석된다.

다음으로 전세 가격 상승을 유발하는 정책은 금융 혁신을 표방한 핀테크, 인터넷전문은행 육성이다. 인터넷전문은행이 출범하기 전까지 주택금융공사는 전세자금대출을 인터넷으로 신청하고, 기타 심사 등 주요 절차는 지점에서 대면으로 진행해왔다. 당연히 절차는 느리고 비용도 늘어나 소비자가 부담하는 이자 부담이 클 수밖에 없었다. 그러나 인터넷전문은행 출범 이후 주택 관련 대출의 특성상 생기는 복잡한 업무 절차는 지점 방문 없이 빠르게 비대면으로 처리하도록 변경했다. 비대면을 통한 전세자금대출이 가능해지자 인터넷전문은행뿐 아니라 기존 대형 은행과 지방은행까지 비대면 방식을 확대하기 시작했다. 즉 은행 간 전세자금대출 경쟁이 인터넷전문은행 진입 이후 가속화된 것이다. 실제로 카카오뱅크가 전세자금대출을 출시하기 전인 2017년 전세자금대출 분기 순증 규모는 3.5조 원에 불과했다. 그러나 카카오뱅크가 진입하면서 빠르게 성장해 2020년에는 분기 순증 규모가 2.5배 증가한 8.6조 원까지 늘어났다. 카카오뱅크는 업계 최저 수준의 대출금리를 기반으로 전세자금대출 시장에서 2021년 1분기 순증 점유율

---

*   보증료 0.1%를 포함한 수치로 카카오뱅크 전세자금대출 기준.

기준으로 업계 3위권까지 부상했다. 한도가 5억 원인 서울보증보험, 3.5억 원인 주택도시보증공사 보증 대출 상품 없이 2.2억 원에 불과한 주택금융공사 보증 대출 상품으로 3위권을 유지했다는 것은 인터넷전문은행이 시장의 주력 사업자가 되었음을 시사한다.

그 결과 전세자금대출은 2020년 말까지 5년간 113조 원이 늘어났다. 5년간 가계부채 순증 925조 원의 12%에 해당되는 규모다. 이처럼 막대한 자금이 공급되었다는 것은 전세자금대출이 서민 주거용 대출 상품을 넘어 모든 세입자의 거주 수단이 되었음을 의미한다. 2019년 기준 강남 3구 전세 거래 건수의 48.4%*가 주택금융공사 전세자금대출을 이용하는 등 중산층 이상의 세입자도 전세자금대출을 적극적으로 이용하고 있다. 보증한도가 큰 서울보증보험까지 포함하면 세입자의 2/3 이상이 전세자금대출을 이용하고 있음을 시사한다. 전세자금대출이 가장 보편적인 대출로 부상하자 전국과 서울 전세 거래 비중은 2020년 12월 72.6%, 68.2%까지 상승했다.

전세자금대출로 전세를 이용하면 월세 대신 대출이자를 지불하는 것이므로 사실상 전세를 월세화한 것과 크게 다르지 않다. 차이점은 정부 덕택으로 이자 비용이 월세보다 약간 적을 뿐이다. 만일 정부가 대출 자금 지원 대신 바우처 방식으로 월세를 지원했다면 세입자의 부담은 월세가 더 적을 수 있다. 정부가 서민 주거 안정에만 초점을 맞추었다면 월세 비율이 늘어날 때 전세의 월세화가 정착하도록 정책 지원을 했을 것이다. 그러나 서민 주거 안정보다는 주택시장 부양

---

* 전세자금대출로 강남, 서초, 송파 각각 42.2%, 46.5, 56.5%임.

을 통한 경기부양을 염두에 두었고, 따라서 전세자금대출 활성화 정책을 선택했다. 그 결과 갭투자라는 가장 위험한 투자 수단이 새롭게 나타났고 주택 가격, 전세 가격의 급등과 함께 더 이상 감내하기 어려운 가계부채 위험을 키우는 결과를 초래했다.

[2-19] 9.13 대책 이후 전세대출과 아파트 전세 가격 추이

자료: 부동산114, 한국은행 | 주: 부동산114 실거래가지수 기준

[2-18] 상품별 가계대출 최저 금리 비교

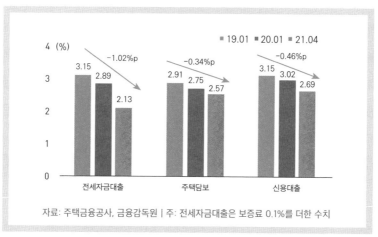

자료: 주택금융공사, 금융감독원 | 주: 전세자금대출은 보증료 0.1%를 더한 수치

[2-19] 9.13 대책 이후 전세대출과 전세 가격 추이

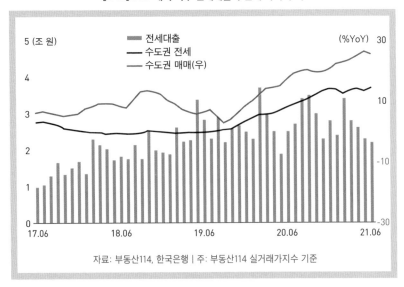

자료: 부동산114, 한국은행 | 주: 부동산114 실거래가지수 기준

NOTE   전세자금대출을 이용한 주택 투자가 쉬웠던 9.13 대책 이전에는 주택

가격과 전세자금대출이 높은 상관관계를 보였다. 9.13 대책 이후부터

는 주택 가격, 전세 가격, 전세자금대출이 동행하는 현상이 나타났다.

9.13 대책 이전에는 전세자금대출의 용도가 주택 투자의 중심이었지

만 이후에는 실거주와 주택 투자 용도로 확산된 것으로 추정된다.

10

임대차 3법이 서민 주거 안정과 거리가 먼 이유

전세 가격 상승을 촉발한 또 다른 요인은 '임대차 3법'이다. 임대차 3법이란 기존 임대차 계약에 2년을 상승률 5% 이내의 가격으로 연장할 수 있는 권한을 임차인에게 부여한 제도를 말한다. 즉 계약 갱신청구권을 세입자에게 부여하는 한편 계약 갱신 시에 인상폭을 최대 5%로 제한하고, 전월세 거래를 2021년 6월 1일부터 주택 소재지 관청에 신고하도록 한 '주택임대차보호법' 개정안과 '부동산 거래 신고 등에 관한 법률' 개정안이다. 주택임대차보호법은 7월 30일 국회를 통과, 국무회의를 거쳐 31일부터 발효되었다. 부동산 거래 신고 등에 관한 법률, 즉 전월세 신고제는 1년의 유예 기간을 두어 2021년 6월부터 시행되었다. 정부가 사회적 약자라 할 수 있는 세입자의 주거 권리를 보호함으로써 주거 안정, 나아가 주거 복지를 실현하려는 것은 도입 취지만 놓고 보면 반드시 필요한 제도다. 그러나 당시는 도입할 수 있는 여건이 못 됐다. 이미 정부의 저금리 정책과 비대면 대출 활성화를 통한 전세자금대출 수요 증가로 전세 가격은 가파른 상승세를 타고 있었다. 공급에 비해 수요가 많아 가격이 상승하는데 가격을 규제하려 한다면 도입 전부터 가격이 오르거나 도입 후 편법적 방법으로 규제를 피해 가격을 올릴 것이다. 이처럼 정부의 시장 가격 규제는 시작부터 많은 위험을 안고 있었다. 그동안 정책의 역효과에 대한 밀도 있는 고민 없이 정부 정책을 섣불리 도입했을 때 도입 취지와 다른 결과를 초래한 사례를 여러 차례 목격한 바 있다. 그럼에도 정부와 여당은 임대차 3법 도입 사실이 알려지면서 전세 가격이 가파르게 오르자 서둘러서 이 제도를 도입했다.

실제로 임대차 3법 도입 이후 우려한 대로 전세 가격은 상승 추세를 넘어 패닉 사태에 진입한 것으로 평가된다. 2021년 6월 갱신 계약과 신계약을 포함한 수도권 전세 실거래가지수 상승률은 임대차 3법 도입 전인 6월 말 대비 14%, 최초 계약 시점인 2년 전과 비교하면 26.5% 상승했다. 현 정부 4년 평균 상승률 6%보다 높고 금리 인하로 가파르게 상승했던 2020년 6월 전세 가격 상승률 10.9%(전년 동기 대비)보다 높다. 문제는 전체 거래의 50~60%만이 5%의 계약 갱신 권리를 행사했다는 것이다. 만일 50%가 정부 의도대로 권리를 행

사했다면 나머지 임대차 3법의 혜택을 보지 못한 임차인은 2년 전 대비 48%의 가격에 재계약했다는 말이다. 임차인에게 이전 계약 대비 48%의 높은 전세 가격을 요구한다는 것은 현실적으로 감당하기 어려운 수준이다.

한편 7월 21일 국토교통부는 6월 한 달 동안의 신고제 자료를 분석한 결과 6.8만 건의 계약 중 19.1%인 1.3만 건만이 계약을 갱신했다고 밝혔다. 이 가운데서도 5% 이하로 임대료를 인상한 것이 76.5%인 1만 건, 즉 전체 거래의 15%만이 임대차 3법의 보호를 받은 것으로 나타났다. 서울 100대 아파트의 갱신율이 77.7%로 임대차 3법의 효과가 매우 크다고 발표했다. 임대인과의 합의를 통해 계약 갱신 청구권을 포기하고 현 시세대로 재계약한 것이다. 정부 통계를 보더라도 임대차 3법의 긍정적 효과보다는 부정적 효과가 더 컸음을 알수 있다.

정책이 실패할 수밖에 없었던 독소 조항은 크게 두 가지다.

첫째, 임대인이 임차인의 계약 갱신청구권을 거절할 수 있는 예외 조항을 많이 두었다는 점이다. 예를 들면 임대인뿐 아니라 임대인의 부모, 배우자의 부모, 자녀(이하 직계존비속)가 거주한다고 할 경우 임차인의 계약 갱신청구권은 인정받지 못한다. 아울러 언제까지 임대인이 입주해야 한다는 별다른 조항도 없다. 임대인의 입장에서는 임대인 또는 직계존비속을 이용해 임차인의 퇴거를 요구하고 새로 계약을 하면 갱신 계약 대비 42%나 높은 금액에 계약할 수 있다. 그러니 이 조항을 이용하는 것이 누가 봐도 당연해 보인다. 임대인이 정부를 대신해 자신의 이익을 포기하고 선의로 임차인의 권리를 보호해 주어야 할 의무는 없다.

둘째, 계약 갱신청구권이라는 임차인의 권리를 사회적 약자인 임차인에게 스스로 보호하도록 했다는 점이다. 정부는 주택의 실거주자를 확인할 수 있도록 확정일자 정보 열람권을 부여하지만 나머지는 새 임차인이 직계존비속인지 확인해서 억울하면 세입자가 소송하라는 것이다. 이미 세입자의 권리가 침해되어 고가의 전세에 거주하고 있는 상황에서 원인을 무효화하기란 사실상 불가능에 가깝다. 설령 세입자의 권리 침해가 위법임이 확인되더라도 임대인을 통해 받을 수 있는 손해배상비가 변호사비보다 적을 수 있다. 소송에서 이긴다고 해도 세입자의 실익이 크지 않다는 뜻이다. 6월의 전세 계약 중 임대차 3법의 혜택을 입은 계약 갱신이 15%에 불과한 것을 보면 임대차 3법이 구조적으로 문제가 있음을 알 수 있다.

앞서 정부가 규제로 투기 수요를 적절히 통제하지 못해 집값 안정화에 실패한 원인을 지적했다. 정부가 과자 가격을 통제하면서 내용물을 줄이는 것이나 금융회사의 대출금리를 규제하면서 꺾기가 성행하는 것과 크게 다르지 않다. 이처럼 정부가 전세시장에 개입해 인위적으로 가격을 규제하면 임대인은 편법을 동원해 피해를 최소화하려든다. 자유시장 경제 체제에서는 매우 자연스러운 현상이다. 도입한 지 채 1년도 안 되어 폐지 논란에 휩싸인 임대차 3법은 시작 때부터 문제점이 많을 것으로 예상했다. 임대차 3법은 서둘러 도입한 여당, 어떤 대안도 내놓지 못한 야당, 그리고 1년이 지날 때까지 어떤 보완

책도 내놓지 못한 정부의 합작품이다.

앞으로 임대차 3법의 폐해는 더욱 심각할 것이다. 임대인의 계약 갱신청구권 거절 사례가 알려지면서 계약 거절 권리를 이용하는 임대인이 늘어나고 있기 때문이다. 이미 계약 갱신을 인정한 임대인 또한 적지 않은 불만을 가질 수밖에 없는데 2년 후 인상하지 못한 금액을 한꺼번에 올리려 할 것이다. 결국 임대차 3법은 계약 갱신 구간에는 전세 가격과 주택 가격 상승을 지속하는 결정적인 변수로, 높은 전세가율을 만들어 계약 갱신이 종료되는 시점에는 부채 위험을 수면 위로 꺼내는 결정적인 촉매제 역할을 할 것으로 보인다. 산이 높으면 골이 깊다는 속담이 있다. 임대차 3법이 산을 높게 만들었듯이 골도 깊게 만들 것이라는 뜻이다.

[2-20] 코로나 위기 이후에는 전세 가격과 주택 가격이 동반 상승

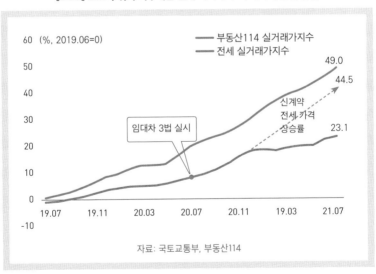

자료: 국토교통부, 부동산114

[2-21] 갭투자, 주택 가격 상승에 영향을 미침

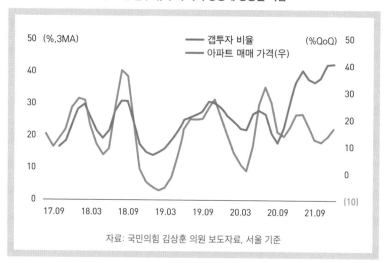

자료: 국민의힘 김상훈 의원 보도자료, 서울 기준

[2-22] 전세 가격 상승, 갭투자 증가 요인으로 작용

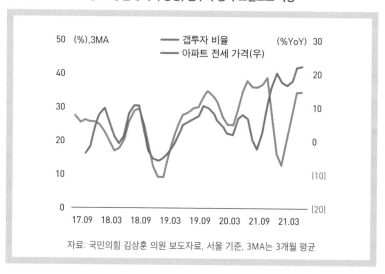

자료: 국민의힘 김상훈 의원 보도자료, 서울 기준, 3MA는 3개월 평균

NOTE   [2-20]은 경제팀 교체 이후 전세 가격 추이를 나타낸 차트이다. 기준금리 인하와 임대차 3법 이후 전세 가격 급등 현상이 재현되었다. 임대차 3법 이후 계약 갱신청구권을 행사한 계약과 행사하지 못한 신계약 간 가격 갭이 크게 확대되었다. 계약 갱신 비중을 고려할 때 신계약 상승률은 44.5%에 달한다. [2-21,22]는 갭투자가 주택시장에 어떻게 영향을 미치고 있는지 알 수 있는 차트이다. 전세 가격 상승이 갭투자를 부추기고, 이것이 다시 주택 가격 상승 요인으로 작용했음을 차트를 통해 추론해볼 수 있다.

Debt
Crisis

브레이크
없이
질주하는
주택시장
전망

01

공급 확대 정책이 집값을 안정시킬까?

정부의 저금리 정책과 실수요자 대출 지원 정책은 집에 대한 투기 수요뿐 아니라 실수요를 늘린다. 공급은 경직적인 반면 수요는 빠르게 반응한다. 따라서 정책 효과에 의한 수요 증가로 공급 부족 문제는 앞으로도 심화될 수밖에 없다. 전월세 계약의 거래 과정에서 발생하는 빈집과 다양한 주택 수요의 증가 등을 고려할 때 수요를 충족할 수 있는 적정 주택보급률은 105% 이상은 되어야 한다. 서울과 수도권 주택보급률을 2025년까지 5년 안에 100%, 105%까지 끌어올린다고 가정해보자.

가구수 증가를 고려할 때 각각 55만 호, 227만 호*를 더 지어야 한다. 연평균으로는 11만 호, 45만 호를 공급해야 한다는 뜻이다. 현 정부 4년 평균 주택 인허가 물량의 1.8배, 1.7배에 해당한다.

공급이 부족하다는 비판을 받자 정부는 8.4 대책, 2.4 대책 등을 통해 2025년까지 5년간 수도권 61만 호, 서울 32만 호를 공급하겠다고 발표했다. 앞서 보았듯이 가구 증가 속도를 볼 때 전혀 충분하지 않다. 이대로라면 공급 부족으로 주택보급률은 오히려 하락 추세가 가속화될 가능성이 높다. 목표대로 실현한다 해도 시장의 요구를 충족하기에 턱없이 부족한데 문제는 공급 정책 역시 현실적으로 실현하기 어려운 과제라는 점이다.

해답은 시장에서 얻을 수 있다. 정부가 제시한 공급 대책이 수요를 충족할 만한 가격 안정에 기여했다면 가장 시장을 잘 이해하는 투자자들이 움직였을 것이고, 시장도 어느 정도 반응했을 것이다. 그러나 정책 발표 시점 3개월 뒤 수도권과 서울 아파트 가격은 각각 전 분기 대비 연환산 기준으로 19.7%, 14.3% 상승했다. 대다수 시장 참가자들은 2020년 8.4 공급 확대 방안, 2021년 2.4 공급 확대 방안이 주택 시장에 아무런 영향을 주지 못한다고 생각한 것이다. 이처럼 주택 공급이 어려운 이유를 구체적으로 살펴보자.

정부의 서울 및 주요 도심의 공급 정책은 크게 세 가지로 나뉜다. 첫 번째는 재건축 아파트의 규제를 완화해 민간에서 공급을 늘리도

---

* 연평균 가구수 증가율은 최근 2년 평균 증가율인 수도권 2.8%, 서울 1.8% 적용.

록 하는 방안이다. 두 번째는 도심 노후 지역을 재개발해 공급하는 방안이다. 세 번째는 정부와 공공기관이 보유한 토지를 개발해 공급하는 방안으로 최근에 대두되는 대안이다. 수도권의 경우는 대부분 LH 공사 주도의 공공 택지 개발을 통해 새 아파트를 공급한다. 각각의 정책 실현 가능성을 따져보자.

먼저 이전 정부가 선호했던 민간 주도의 재건축 규제 완화 방안이다. 서울 기준으로 30년 이상 노후 아파트는 2019년 기준 전체 아파트의 17%에 해당하는 29만 3천 세대, 이 가운데 강남 3구가 27%에 해당하는 9만 2천 6백 세대에 달한다. 30년 이상 된 구축 아파트를 전부 재건축한다면 대략 15만 세대에서 30만 세대의 아파트가 추가로 공급될 수 있을 것이다. 5년간 나누어 20만 세대를 공급한다 해도 연간 4만 세대에 불과하다. 용적률을 지금의 두 배 이상으로 높이지 않는 한 재건축으로 부족한 주택 공급을 충족시키기에는 턱없이 부족하다.

뿐만 아니라 15만 세대에서 30만 세대를 추가로 공급하는 과정에서 3~5년 동안 주택이 일시적으로 사라지는 부작용이 발생한다. 이런 문제로 재건축을 통한 공급 증대 효과는 상쇄된다. 따라서 제한적으로 재건축 규제 완화를 통한 주택 공급은 점진적으로 진행할 수밖에 없다. 만일 한꺼번에 재건축을 추진할 경우 진행 시점에는 입주 물량보다 멸실 주택수가 많아져 의도와 반대로 공급 부족이 확대되면서 가격 급등 요인으로 작용한다. 이미 지난 정부는 재건축 규제 완화에 따른 부작용을 경험한 바 있다. 실제로 재건축이 본격적으로 진행된 2016년부터 2017년까지 총 3만 5천 세대가 줄어들었다. 재건축 규제 완화는 일시적 공급 부족 문제를 야기했고 재건축 아파트의 투기 수요를 자극해 재건축 아파트뿐만 아니라 주변 아파트 가격 상승의 방아쇠 역할을 했다. 상대적으로 양호한 입지 여건에 새 아파트라는 투자의 블루칩 시장이 새롭게 형성되면서 투자 수요를 부추긴 것이 결정적 요인이다. 재건축 규제 완화를 본격적으로 진행한 2014년 말부터 2018년까지 4년간 재건축 아파트 가격 상승률이 76%로, 재건축 제외 아파트 상승률 55.8% 대비 높은 상승률을 기록한 이유가 여기에 있다.

이런 부작용을 경험한 정부는 지난해 민간 중심 구축 아파트의 재건축 허용을 신중하게 하는 대신 공공 주도의 재건축을 추진하는 8.4 대책을 발표했다. 근본 취지는 재건축 용적률을 기존의 두 배인 300~500%까지 올려 공급 물량을 늘리고, 늘어난 공급 물량의 상당 부분을 공공임대주택, 공공분양 등 서민 주택을 공급하는 것이었다. 대신에 이를 소유주가 받아들일 경우 자기 부담금을 줄일 수 있도록 재건축 초과이익 부담금을 부과하지 않기로 하는 등 각종 인센티브를 부여했다.

그러나 예상대로 소유주와 조합의 반응은 차가웠다. 용적률이 높아지고 임대주택, 공공분양이 늘어나면 주거 환경은 악화되게 마련이고 결국 투자 가치가 떨어질 것이라는 판단이다. 소유주의 상당수가 레버리지가 큰 고위험 투자자인 점을 고려한다면 그들의 외면은 예측된 결과라 할 수 있다. 오히려 재건축을 미루거나 규제가 많은 재건축보다는 리모델링을 선택하는 조합이 늘어나면서 정부 정책이 주택 공급을 줄이는 정책의 역효과를 낳고 있다.

재건축 대신 재개발 사업은 어떨까. 재개발 사업은 재건축에 비해 상대적으로 주택 소멸 정도가 적고 단위 면적당 훨씬 많은 규모의 주택을 공급할 수 있다는 장점이 있다. 8.4 대책이 재건축 활성화에 방점을 두었다면 2.4 대책은 도심 재개발 중심의 도심 공공주택 복합 사업에 초점을 맞춰 설계했다. 주요 내용으로는 토지주의 10%만 동의하면 요청이 가능한데 아파트와 상가를 우선 공급하는 등 개발 이익으로 토지 소유자의 추가 이익을 보장하고 개발 이익을 공유하는 등 각종 혜택을 부여해 재개발이 조속히 시행될 수 있도록 했다. 2.4 대책은 특혜 시비가 날 만큼 많은 혜택을 부여했다는 비판을 받을 정도다. 그러나 정작 정부 주도 재건축을 추진하고자 하는 단지는 거의 없다. 도심 공공주택 복합 사업 목표로 19만 6천 가구를 제시했지만 1/4은 철회를 요구했고, 주민 의사가 불확실한 것도 절반을 넘는다. 토지 소유주는 정부 요구를 받아들이는 것보다 기다렸다가 민간 주도 방식의 재건축이나 재개발을 선택하는 것이 유리하다는 판단이다. 설령 수용하더라도 시기를 늦추면 공급 부족으로 집값은 더 오를 것이고 정부가 조급함에 더 좋은 조건을 내놓을 수밖에 없다는 계산도 깔려 있는 것으로 보인다. 민간 소유 토지나 주택을 이용해 공공 목적으로 주택을 공급한다는 것이 비용 측면에서는 저렴할 수 있다. 하지만 정부가 당초 목표에 맞게 공급하기가 매우 어렵다는 것을 알 수 있다.

그렇다면 정부와 공공기관이 도심에 보유한 토지 개발을 통해 주택을 공급하는 방안은 어떨까? 이는 지난 8.4 대책에서 본격적으로 등장한 공급 방안이다. 정부의 의지만 충분하다면 민간 소유 토지를 이용해 공급하는 것보다 공급 기간이 짧고, 용적률도 정부 의도대로 높일 수 있어 주택 공급 규모를 원하는 만큼 늘릴 수 있는 장점이 있다. 예를 들면 공원, 도로, 학교, 공공기관 소유 건물, 문화센터 등을 정부가 매입해 공공주택을 공급하는 방안이다.

이론적으로는 세 가지 방안 중 가장 현실적이다. 그러나 이 또한 정부의 의도대로 추진하기 어려운 상황이다. 민간 소유 토지 방식에 비해 정부 재원이 필요하며 재원을 조달할 방법이 마땅치 않기 때문이다. 당장 재정을 담당한 기획재정부가 예산을 적극적으로 지원할 가능성이 없음을 이미 여러 사례를 통해 시사한 바 있다. 설령 기획재정부의 지원으로 정부 소유 토지나 건물을 매입해 LH 공사와 SH 공사가 공급을 늘리더라도 지역주민, 지방자치단체, 지역 정치인의 반발을 피할 수 없다. 따라서 정부는 이를 믿고 추진할 수 있는 추진력과 전문성을 갖추어야 하지만 현실은 그렇지 못하다. 실제로 지난 8.4 대책에서 태릉 골프장, 과천 청사, 용산, 강남 등 주요 정부 소유 토지의 주택 공급 방안을 마련한 바 있다. 그러나 상당수 지역에서 시행이 지연되거나 무산되었다.

결국 정부 의도대로 공급 물량을 늘리려면 서울과 인접한 수도권에 신도시를 건설해 집을 공급하는 수밖에 없다. 앞서 보았듯이 신도시 개발은 막대한 물리적, 사회적 비용과 함께 신도시로써 자족 기능을 하기까지 적지 않은 시간이 소요된다. 신도시 개발을 위한 토지 매입뿐 아니라 도로, 철도, 학교 등 막대한 인프라 투자를 해야 한다. 한편 무주택자는 시세보다 약간 싸긴 하지만 능력 대비 무리하게 빚을 내 고가의 아파트를 구매해야 한다. 게다가 직장까지 1시간 반 이상 출근해야 하는 등 물리적, 시간적 비용도 들여야 한다. 무엇보다 주택시장이 고점일 때 공급이 이루어져 주택시장이 침체하면 더 큰 문제가 발생한다. 집값이 하락하는 구간에는 입주자가 자금을 융통하지 못해 입주를 포기해야 할 수도 있다. 임차인 역시 여러모로 거주하기 불편한 신도시에 입주하려 하지 않는다. 이에 따라 주택시장 침체는 더욱 심해지고, 여타 지역으로 확산됨으로써 미분양 증가, 금융회사 대출 연체 증가, 경기침체의 악순환에 빠져든다.

　실제로 주택시장 침체를 겪었던 2019년 일부 수도권과 울산, 경남, 경북 등 상당수 지방의 신도시에서 같은 경험을 했다. 경기와 지방의 2019년 6월 준공 후 미분양 아파트는 각각 전년 동기 대비 40.1%, 42%가 증가했다. 더욱이 지방의 주택 과잉 공급 문제는 더욱 심각해 2019년 빈 아파트 비율은 전체 재고의 9.1%까지 상승했다. 또한 준공 후 미분양 아파트 역시 2012년 이후 최고치를 기록했다. 저축은행, 증권사 등의 부동산 PF 연체율 역시 당연히 가파르게 올라갔다. 결국 어쩔 수 없이 떠밀려 공급을 늘린 정책이 또 다시 볼모가 되어 정부가 주택시장을 부양해야 하는 상황에 놓였던 것이다.

[2-21] 갭투자, 주택 가격 상승에 영향을 미침

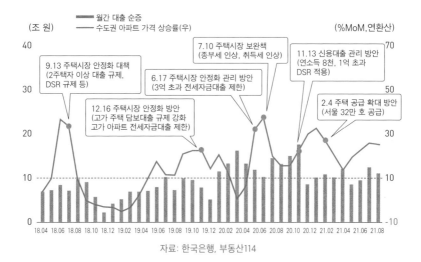

자료: 한국은행, 부동산114

[2-22] 주택보급률 105%일 때 필요한 주택 공급량 추정치

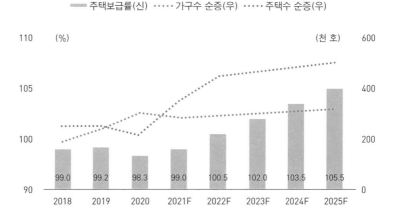

자료: 국토교통부, 2021년부터는 필자 추정치

NOTE　　　[3-1]은 정부 정책과 주택 가격과의 관계를 나타낸 차트이다. 9.13 대책을 제외한 대부분의 대책이 1~3개월 상승률을 다소 떨어뜨렸고, 이후 약효가 사라지는 현상이 나타났다. 저금리 기조와 대출 활성화 정책을 유지하는 상황에서 정부 정책의 약효는 임시방편임을 확인할 수 있다. 특히 정부의 공급 정책이 집값에는 별다른 효과를 거두지 못하고 있음을 확인할 수 있다. [3-2]는 주택 가격 안정을 위해 필요한 적정 공급 물량을 추정한 차트이다. 늘어나는 가구수를 고려할 때 필요한 주택 규모는 정부의 목표 대비 현저히 많다.

02

무주택자의
투기 수요를
막을 수
있을까?

결론적으로 어떤 정부도 주택 공급 정책으로 단기간 내에 집값을 안정화할 수 없다. 따라서 정부의 부동산 정책은 수요를 줄이는 정책 이외에 별다른 대안이 없다. 정부 역시 수요 억제를 목표로 다양한 정책을 제시했다. 문제는 공급 확대 정책을 펼치지 않은 것이 아니라 정부의 정책이 의도대로 수요를 줄이지 못한 데 있다. 먼저 집값 상승의 원인을 투기 수요 탓으로 돌렸고, 투기 수요자를 다주택자와 같이 주택 수라는 물리적 기준으로 정의했다. 미국 등 선진국과는 전혀 다른 정책 규제다.

앞서 설명했듯이 상당수 다주택자를 투기 수요자로 정의함으로써 많은 규제의 허점을 노출했다. 예를 들면 5억 원 아파트를 보유한 개인이 5억 원 아파트를 상속받거나 직장 문제로 주택을 하나 더 구매한 가계를 투기 수요자로 정의하기는 어렵다. 반대로 무주택자라도 소득이 3천만 원인 개인이 무리하게 대출을 일으켜 갭투자로 20억 원 아파트를 구매했다면 이것을 실수요자로 정의하는 건 현실과 동떨어진다. 결국 다주택자를 투기 수요자로 정의함으로써 무주택자가 투기하는 것에는 면책을 준 것과 다를 바 없다. 다주택자는 다양한 방법으로 가구를 분할함으로써 이런 면책의 혜택을 누려왔다. 뿐만 아니라 무주택자나 1주택 가계의 주택 과소비 역시 통제하지 못했다. 수요 증가의 상당 부분은 투기 수요뿐 아니라 실수요자의 과소비가 차지하고 있음을 인지하지 못한 것이다. 투기 목적이 아닌 주거 목적으로 집을 사더라도 형편에 맞지 않게 모든 사람이 중대형 아파트를 구매한다면 집은 부족할 수밖에 없다.

주요 선진국에서는 원리금 분할 상환, DSR 등을 통해 보유 주택의 수뿐만 아니라 주택의 과소비를 원천적으로 규제했다. 대출을 이용할 때 원리금과 주택 보유 비용까지 합친 전체 비용을 구매자가 자신의 소득 내에서 감당할 수 있어야 구매할 수 있도록 하는 방안이다. 예를 들면 대출의 원리금 상환 비용과 관리비 등 주거 관련 비용을 합쳐서 자신의 소득에서 30~40%를 넘지 않도록 했다. 그러면 투기 수요뿐 아니라 실수요라도 과소비를 통제해 전체 수요를 억제할수 있기 때문이다.

정부 역시 이를 모르는 것은 아니다. 2018년 9.13 대책에서 처음으로 DSR 규제 방안을 도입했다. 처음에는 충격을 줄이기 위해 단계적 조치로 차주별 중심의 대출 규제가 아닌 회사별 평균 DSR부터 도입했다. 하지만 도입 취지에 반하는 지나친 예외 조항을 두었고, 도입 일정도 미루다 결국 2021년 4.29 가계부채 관리 방안 때에서야 인별 규제로 전환했다. 도입한 지 3년이 지났지만 이번에도 규제의 영향을 의식해 2023년까지 단계적으로 도입하기로 했고, 정작 가장 중요한 예외 조항도 그대로 두었다.

모든 부채를 합산해 한도를 정해야 DSR 규제는 정책의 실효성이 생길 수 있다. 그러나 개인사업자대출, 전세자금대출, 전세보증금, 집단대출(중도금대출) 등 거의 모든 핵심 대출은 제외되었다. 규제 대상은 순수 주택담보대출과 신용대출로 은행 가계대출 기준으로 2017년 6월부터 2021년 6월까지 늘어난 대출 가운데 29.5%에 불과하다. 물론 당연히 가장 중요한 임대보증금채무 또한 빠졌다. DSR 규제가 오히려 주택담보대출, 신용대출만 규제함으로써 풍선 효과를 키우는 결과를 초래하고 있다.

더욱 주목할 점은 정부의 대출 규제가 전체 대출을 줄여 위험을 낮추기보다 고위험 부채를 늘려 집값 상승을 부추기는 요인으로 작용하고 있다. 주택담보대출, 신용대출에 LTV와 DSR을 규제하자 주택담보대출, 신용대출을 조합해 집을 구매하기보다 전세를 끼고 전세자금대출, 신용대출 등을 이용하는 방식을 늘리기 시작한 것이다. 앞서 말했듯이 이런 방식은 기존 방식보다 투자 위험이 높은 공격적인 투자 수단으로 부채 위험 증가와 동반하여 단기간 집값 상승을 부추길 수 있다. 실제로 2020년 35.6%에 불과했던 서울 지역 갭투자 비율은 2021년 7월 43.5%까지, 광의의 갭투자라 할 수 있는 보증금 승계 비율은 2021년 6월 71.5%까지 상승했다.

여기에 상환 능력이 상대적으로 취약한 2030세대 무주택자마저 갭투자에 나서면서 투자 위험은 더욱 높아지고 있다. 2030세대의 아파트 보유 비중은 2019년 말 서울과 수도권 각각 14.6%, 14.4%에 불과했다. 그러나 2020년 4분기 2030세대가 수도권 기준으로 전체 아파트 거래의 26%를 가져갔다. 특히 상대적으로 가격이 비싼 서울은 2030세대 비중이 43.9%까지 늘어났다. 당연히 무주택자의 갭투자 비중 역시 확연히 증가했음을 쉽게 추론할 수 있다. 갭투자 중에서 무주택자 비중은 2020년 상반기 52.6%에서 2021년 상반기 64.7%까지 늘어난 것으로 확인된다.

DSR 적용은 주택의 투기 수요뿐만 아니라 과소비를 억제하는 가장 효과적인 수단 가운데 하나다. 그러나 여전히 정부는 DSR을 형식적으로만 도입하고 있다. 제대로 도입할 경우 집값 하락으로 이어져 금융 불안을 야기할 수 있고, 대출 규제가 수요자의 불만을 키울 것이라는 우려 때문이다. 은행 등 민간 중심의 규제 체계에서는 당연한 규제 조치가 정부 주도의 규제 관행으로 인해 어려운 것이다. 여론의 변화로 규제 강화의 여건은 좋아지고 있으나 정부의 규제 방식을 근본적으로 바꾸지 않는 한 민간의 주택 수요를 억제하기는 어려워 보인다. 앞으로도 주택 가격 상승 추세가 지속되리라고 보는 이유다.

실수요자 지원 정책이 주택시장에 미치는 영향

대다수 선진국은 서민을 위한 주거 복지를 핵심 정책으로 제시한다. 유럽 복지 국가는 서민을 대상으로 저렴한 공공임대주택 중심으로 공급을 늘리는 방안을, 미국 등 공공임대보다 기업형 임대주택 비중이 높은 나라는 특정 계층을 대상으로 주로 바우처 방식의 임대료를 지원하는 방안을 추진해왔다. 한국은 전혀 다른 독특한 방식을 채택했다. 모든 세입자를 대상으로 한 전세자금대출을 지원했다. 이는 정부가 직접 시장에 개입해 수요를 늘린다는 점에서 여타 선진국과 차이가 있다. 당연히 수요가 늘어나면 가격이 상승한다. 특히 실수요라 할 수 있는 전세 수요가 단기간에 증가하면 공급 증대 등을 통해 가격 상승을 완화할 별다른 해법을 찾기가 어렵다. 결국 전세 가격 상승으로 서민 주거 복지를 악화시키는 결과를 초래하는 악순환에 빠져든다.

전세 가격과 주택 가격을 안정화하는 최선의 대안은 공급을 늘리는 것인데, 이 점이 어렵다면 과소비 등 불필요한 수요를 억제해야 한다. 그러나 정부는 반대로 전세자금대출 지원을 확대하는 등 수요를 지원하는 정책을 계속 펼치고 있다. 이런 정책이 전세 가격과 주택 가격 상승을 촉발했다는 것은 앞에서 말한 바 있다. 그럼에도 정부의 수요 확대 중심의 주거 정책은 갈수록 강화되고 있다. 실제로 금융당국은 2019년 5월부터 19세 이상 34세 미만을 대상으로 청년 전세자금대출을 출시했는데 2021년 7월부터 대출한도를 7천만 원에서 1억 원으로 올렸고, 2%대의 저렴한 수준으로 전세자금대출을 이용할 수 있도록 했다. 당연히 전세 가격 상승이 고가아파트뿐만 아니라 저렴한 빌라까지 확산될 수밖에 없다.

정부는 또한 무주택자가 주택을 구입하는 데도 정책을 아끼지 않는다. 시세보다 저렴하게 분양받을 수 있도록 지원해주고, 84제곱미터 이하 아파트는 부가가치세도 면제해준다. 여기에 1주택자에게는 양도세 면제 또는 감면의 혜택을 부여하고 있다. 1주택자의 보유세는 세계 주요 선진국 가운데 최저 수준이다. 무주택자가 주택 과소비나 투기 목적으로 집을 살 유인이 너무 많다는 뜻이다. 이전 정부와 마찬가지로 현 정부도 주거 복지라는 명목으로 주택 수요를 촉발하는 정책을 변경하지 않고 있다. 2020년 7월 10일 규제 지역의 LTV, DTI를 10%p 인상했다. 이것도 모자라 2021년 7월부터 대상 주택을 투기지역 6억 원 이하에서 9억 원 이하로 높이는 한편 추가로 LTV를 풀어 투기지역 60%, 주택조정지역은 70%까지 4억 원 이내로 가능하도록 했다. 아울러 주택담보대출 만기를 최대 30년에서 40년으로 연장하고, DSR에 미래 소득을 반영하도록 함으로써 무주택자가 주택을 쉽게 구매할 수 있도록 했다. 정책 기조를 근본적으로 바꾸지 않는 정부는 주거 복지 정책을 통해 끊임없는 집값 상승을 부추기는 결과를 초래할 것이다.

무주택자를 지원하는 정책의 결과는 주택시장의 매수 동향에서 확연히 드러난다. 무주택자의 주택 매수 증가는 서민형 아파트의 매수를 늘리는 요인으로 작용했다. 공급은 정해져 있는데 수요를 늘리는 정책을 펼치면 집값은 당연히 오른다. 2021년 6월의 경기 65제곱미터 이하 아파트는 서울 85제곱미터 이상 아파트의 가격 상승률 17.5%의 두 배가 넘는 36%를 기록했다. 결국 서민 주택의 집값 급등 역시 정부 정책의 결과로 볼 수 있다.

[3-3] 지역 간 가격 갭을 메우고 있는 주택시장

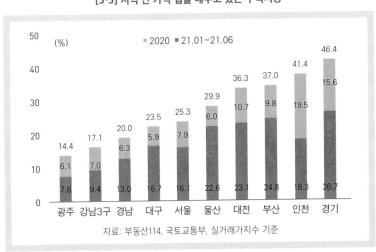

자료: 부동산114, 국토교통부, 실거래가지수 기준

[3-4] 2030세대가 매수 가능한 소형 아파트가 상승률 주도

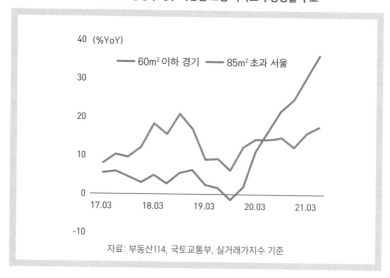

자료: 부동산114, 국토교통부, 실거래가지수 기준

[3-5] 서울 평균 아파트 매매 가격과 전체 거래 내 비중

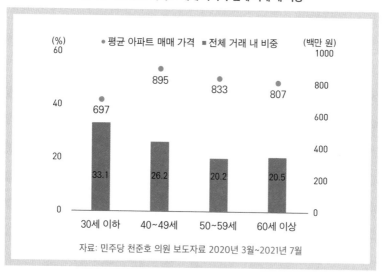

자료: 민주당 천준호 의원 보도자료 2020년 3월~2021년 7월

[3-3,4]는 최근 가격 상승을 주도하는 아파트 시장을 설명하는 차트이다. 서울보다는 경기, 대형 아파트보다는 소형 아파트가 가격 상승을 주도하고 있다. 원인을 2030세대 무주택자의 갭투자에서 비롯되었다고 보는데 [3-5]는 우리의 추론을 설명해준다. 30대 이하의 주택 매수 비중이 지속적으로 증가하고 있는데 이들이 매수하는 평균 주택 가격은 7억 원 미만으로 소형 평형 저가 아파트이다. 부채 위험 관점에서 가장 위험한 경제 주체가 무리한 방식으로 주택을 구매하는 사례가 드러나고 있다.

04

부채 주도
성장 정책
포기의
결과는?

오랫동안 선진국 정부는 소비 수요 창출을 핵심 정책 목표로 삼고 다
각도로 추진해왔는데 앞으로도 그럴 것이다. 그래야만 기업이 매출
증진을 통해 고용과 투자를 확대하여 경기를 살릴 수 있기 때문이다.
각국 정부가 가장 많이 사용했던 경기부양 정책은 부동산시장 부양
책, 즉 '부의 효과Wealth Effect를 이용한 부채 주도 성장 정책'이었다. 즉
집을 사는 사람에게 세금을 지원하는 한편 기준금리를 내려 은행이
대출금리를 낮추고 한도를 늘리도록 유도해 집의 소비 수요를 늘리는
정책이다. 개인이 쉽게 집을 살 수 있도록 만드는 것이다.

정부가 이 정책을 선호하는 이유는 무엇보다 산업 유발 효과가 크기 때문이다. 가계가 집의 소비를 늘릴 경우 집뿐만 아니라 각종 내구재 소비도 늘어나는 게 일반적이다. 이와 같은 소비 증가는 각종 내수 산업의 투자로 연결되어 모든 분야에서 고용 창출 효과를 유발하기도 한다. 이 정책의 가장 큰 매력은 지속성이 높다는 점이다. 주택이 자산으로 전환되면 자발적 투기 수요 확대로 가격 상승 추세가 지속될 수 있기 때문이다. 가격 상승이 지속되는 한 집과 집에 동반한 각종 내구재 소비는 물론이고, 건설 분야의 투자도 늘어날 수밖에 없다. 당장은 이보다 더 좋은 경기부양책이 없다. 대표적으로 미국 클린턴과 부시 정부가 펼친 '한 집 갖기 운동'과 같은 부채 주도 경제 성장 정책을 들 수 있다.

　다만 가계부채 주도 성장 정책은 꼭 필요할 때 사용해야 하는 경제 정책 수단이다. 왜냐하면 개인의 소비와 투자의 원천이 미래 소득을 담보로 한 부채이기 때문이다. 따라서 감당할 수 있는 범위 내에서 부채를 이용한다면 상관없지만 그 범위를 넘어설 때는 부메랑으로 돌아와 반대로 가계 파산, 소비 침체, 은행의 파산과 이에 따른 고용과 설비 투자 감소를 피하기 어렵다. 무리하게 가계부채 주도 성장 정책을 펼치면 엄청난 대가가 돌아온다는 사실은 2008년 금융위기를 통해 대다수 국가가 깨달았다. 부채 주도 성장 정책의 공과 과는 미국에서 명확히 드러난다. 2001년~2002년 평균 1.4%에 불과했던 실질GDP 성장률은 2004년~2006년 평균 3.4%까지 상승했다. 반대로 GDP 대비 가계부채 비율은 2000년 70.6%에서 2006년 96.4%까지 상승함으로써 금융위기의 주된 원인으로 작용했다.

한국은 2019년 기준으로 실질GDP에서 제조업이 차지하는 비중이 26.4%로 대만에 이어 제조업 의존도가 가장 높은 나라다. 선진국 가운데 제조업 비중이 많은 독일과 비교해도 6.0%p 높다. 지적재산권을 포함한 설비 투자와 순수출이 GDP에서 차지하는 비중은 23%로 미국의 3배를 상회한다. 제조업 비중이 높다는 말은 여타 선진국과 달리 내수보다 설비 투자와 수출 의존도가 높음을 시사한다. 실제로 민간 소비가 차지하는 비중은 48.3%로 미국 69.4%, 영국 62.1%, 일본 53.4%와 비교해도 낮다.

이처럼 수출 제조업의 경제 의존도가 높다는 것은 지금까지 정부가 내수 활성화 정책보다 고환율 정책, 저금리 정책, 수출 육성 산업 정책 등 수출 제조업 중심의 정책을 펼쳤다는 뜻이다. 그동안 제조업은 산업 연관 효과와 일자리 창출 효과가 커 내수 경제에 긍정적인, 일종의 낙수 효과가 작지 않았다. 그러나 수출 제조업은 갈수록 고도화된 데다 공장의 해외 이전으로 고용 등 전체 경제에 미치는 낙수 효과가 갈수록 줄어들었다. 2015년부터 2019년까지 4년간 제조업 GDP는 연평균 13% 성장했지만 제조업 일자리는 18만 5천 명이나 감소해 전체 고용에서 차지하는 비중이 16.5%에 그쳤다. 이는 제조업 경기 호조가 일자리 같은 내수 경제에 별다른 영향을 미치지 못하고, 한국도 여타 선진국처럼 내수 주도 경제로 전환해야 되는 시점에 있음을 시사한다.

내수 경제를 활성화하는 방법으로는 양질의 일자리 창출을 위한 서비스업 육성이 일반적이다. 그러나 서비스업을 육성하는 데는 많은 시간이 걸리고, 이 과정에서 자연히 임금 등 생산 비용이 상승하게 된다. 이런 고비용 구조 전환은 제조업 경쟁력을 약화시킬 수밖에 없다. 결국 박근혜정부뿐만 아니라 진보, 보수 모두 이와 같은 구조적 문제를 해결하려 하기보다는 '빚내서 집 사기' 정책을 추진했다. 역대 진보 정부에서 집값이 상대적으로 많이 올랐던 것은 부채 주도 성장 정책을 보다 적극적으로 추진한 결과라고 해도 틀리지 않다. 경기부양책을 위해 부채 주도 성장 정책, 즉 부동산시장 부양책을 사용한 것이다. 이런 관점에서 본다면 현 정부의 정책 역시 일관된 정책 기조를 유지했다고 볼 수 있다. 지금까지의 정책 기조를 보면 이전 정부와 마찬가지로 대출금리를 낮춰 대출을 쉽게 하고, 집을 싸게 살 수 있도록 하는 다양한 정책을 제시했기 때문이다. 다시 말해서 지금까지 집값의 상승은 부채 주도 성장 정책의 결과로, 이와 같은 정책을 포기하지 않는 한 집값 상승은 지속될 수밖에 없다.

임기 4년차 기준으로 역대 정부 중 가장 높은 집값 상승률을 기록한 정부는 참여정부와 현 정부다. 양대 정부 주택시장을 비교해보면 흥미로운 공통점을 찾을 수 있다. 먼저 상승률이 유사하다. 수도권 기준 부동산114 매매가격지수*는 참여정부 73%, 현 정부 71%로 비슷하다. 다만 참여정부는 빠르게 정책 기조를 바꾸면서 임기 말인 2007년부터 상승률을 떨어뜨렸지만, 현 정부는 정책 기조를 바꾸지 못해

---

* 부동산 실거래가지수는 2006년 말부터 발표되었기 때문에 부동산114 아파트 평균 가격 상승률을 이용했다.

임기 말까지 상승폭이 확대되고 있는 차이점이 있다.

양대 정부 모두 집권 초기에는 적극적인 부동산시장 정책을 추진해 어느 정도 부동산시장 안정화를 달성하는 성과를 거두었다. 2003년 참여정부는 10.29 대책을 통해 다주택자에 양도세를 중과하는 한편 주택담보대출에 LTV를 40%로 낮추는 등 대출 규제를 강화했다. 당시 은행 대출의 대부분이 3년 만기 일시 상환 대출로 LTV가 70% 내외였던 점을 생각하면 파격적인 대책이었다. 정책 효과가 참여정부 집권 2년차부터 나타나면서 2004년 1년간 전국과 서울 아파트는 0.9%, 0.8% 상승에 그쳤고, 수도권은 0.6% 하락했다. 어느 정도 집값 안정에 성공한 것이다.

현 정부 역시 집권 초기에 같은 길을 걸었다. 부동산으로 경기부양하지 않겠다고 선언한 것은 부채 주도 성장 정책을 더 이상 사용하지 않겠다는 것과 같다. 출범 초부터 부동산시장 안정화를 핵심 정책 목표로 내세우며 1년 만에 9.13 부동산시장 안정화 대책을 내놓았다. 이전 정부처럼 부동산을 경기부양에 사용하지 않겠다고 공언하기도 했다. 실제로 부동산114 실거래가지수 기준으로 2019년 5월 서울과 경기 아파트 가격은 9.13 대책을 발표한 지 8개월 만에 1.8%, 2.1% 하락했다.

현 정부가 집값을 안정화할 수 있었던 것은 무엇보다 규제의 핵심인 주택의 투기 수요와 과소비성 실수요를 적절히 억제할 수 있었기 때문이다. 실제로 한국은행은 2017년과 2018년 두 차례 기준금리 인상을 통해 유동성을 줄였다. 금리를 인하하는 시기에는 어떤 대책도 효과를 거두기 어렵다.

두 번째로는 가계대출을 적절히 통제할 수 있었기 때문이다. 정부는 전체 가계대출에 대해 실수요와 과소비성 실수요, 투기 수요를 구별해 적절히 규제할 수 있는 DSR 제도를 도입했다. DSR 제도의 도입은 주택담보대출 중심에서 대출 규제 범위를 신용대출, 카드론 등 여타 대출까지 확대할 수 있어 규제의 의의가 크다고 할 수 있다. 개인별이 아닌 회사별 규제를 도입했음에도 도입 초기이다 보니 금융회사가 적극적으로 대출한도를 관리한 것이 대출 규제 효과가 발휘된 이유다. DSR 규제가 도입된 이후 신용대출 증가율은 빠르게 줄어들었다. 여기에 다주택자의 세제를 강화하는 한편 다주택자가 선호하는 재건축과 분양권 규제, 3기 신도시 발표 등도 한몫했다.

또한 현 정부는 과거 부동산시장을 안정시킨 경험이 있었고, 참여정부에 비해 이전 정부의 주택 공급 확대 정책의 혜택도 있었다. 정부의 9.13 대책이 집값 안정화에 성공할 수 있었던 결정적인 요인은 어찌 보면 역대 최대의 주택 공급으로 인한 전세시장의 안정에서 찾을 수 있다. 전세 가격이 안정되면서 갭투자가 줄어들었고 역전세 현상으로 부채의 축소 현상이 동반해서 나타났기 때문이다.

이전 정부의 재건축 규제 완화로 2015년 말부터 2017년까지 2년간 서울 재건축 아파트 가격은 46%나 상승하는 등 공급의 부작용을 겪었는데 현 정부에서 주택 공급 확대의 혜택을 입은 것이다. 2017년부터 2020년까지 입주한 수도권 아파트는 79만 5천 호로 역대 최대의 주택 공급이 이루어졌다. 이에 따라 2019년 6월 2년 전 대비 전국과 수도권 전세 가격은 실거래가지수 기준으로 0.6%, 0.24% 하락해 2000년 이후 가장 낮은 전세 가격 상승률을 기록했다. DSR 규제로 신용대출이 막힌 상태에서 전세 가격이 안정화를 넘어 상당수 지역이 하락 추세로 반전하면서 역전세 현상이 발생했다. 금리 인상으로 이자 부담이 늘어나자 전세보증금을 반환해야 하는 상황에 내몰린 다주택자가 매물을 내놓기 시작한 것이다.

[3-6] 9.13 대책 이후 강남 아파트 동향

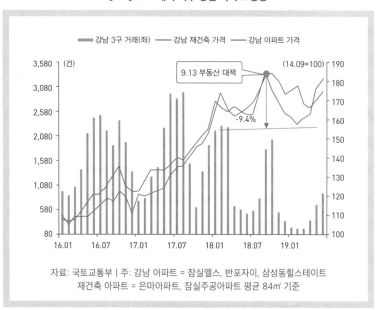

자료: 국토교통부 | 주: 강남 아파트 = 잠실엘스, 반포자이, 삼성동힐스테이트
재건축 아파트 = 은마아파트, 잠실주공아파트 평균 84㎡ 기준

[3-7] 주택보급률과 전세 가격과의 상관관계

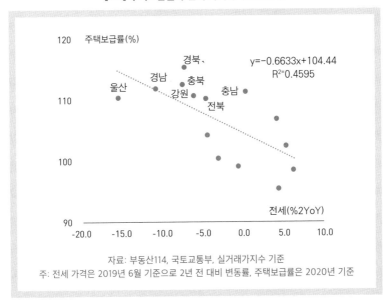

자료: 부동산114, 국토교통부, 실거래가지수 기준
주: 전세 가격은 2019년 6월 기준으로 2년 전 대비 변동률, 주택보급률은 2020년 기준

[3-8] 서울 주요 아파트 전세 가격 지수 추이

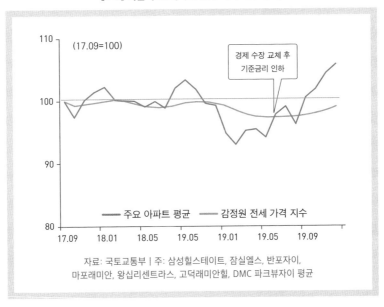

자료: 국토교통부 | 주: 삼성힐스테이트, 잠실엘스, 반포자이,
마포래미안, 왕십리센트라스, 고덕래미안힐, DMC 파크뷰자이 평균

현 정부는 2019년 상반기까지 부채 구조조정 정책, 즉 주택시장 안정화 정책을 펼쳤다. [3-6]은 당시 상황을 설명한 차트이다. 실제로 강남 주요 아파트 가격은 9.13 대책 이후 실거래가 기준으로 10~15%까지 하락했는데 이를 설명한다. [3-7,8]은 부채 구조조정 정책이 실패한 결정적인 원인이 된 전세 가격 하락으로 인한 역전세 문제를 언급한 차트이다. 울산, 경남 등 주요 지방이 공급 과잉 문제로 전세 가격이 10% 이상 하락했는데 이는 집값 하락 요인으로 작용했다.

05

2년 만에
부채 주도
성장 정책을
다시 선택한
현 정부

참여정부는 2004년 부동산 정책 기조를 안정화에서 부양 기조, 즉 부채 주도 성장 정책으로 변경했다. 원인은 금융 부실화와 경기 둔화 문제 때문이었다. 카드 사태로 신용불량자가 급증하고 부동산 안정화 대책으로 주택시장까지 침체 국면에 접어들자 경기침체가 가속화된 것이다. 2002년 7.7%를 기록했던 GDP 성장률은 2003년 3.1%로 곤두박질쳤다. 정작 집값이 하락하자 대다수 언론과 전문가, 야당은 비판적 의견을 쏟아냈다. 더욱이 당시 가계부채 부실화 위험은 지금보다 더 심각했다. 카드 사태로 수백만 신용불량자가 생겼고 대다수 카드사가 유동성 위기에 직면했다. 이 가운데 국민카드와 외환카드는 은행계 카드사로 카드 사태가 은행 부실화로 전이될 수 있었던 상황이었다. 더욱이 카드 사태의 부실이 주택담보대출 부실화로 전이될 경우 가계부채 위기로 확산될지도 모른다는 우려가 컸다. 당시 주택담보대출은 LTV 70% 이상에 만기 3년 일시 상환 대출이다 보니 집값 하락이 장기화되면 감내하기 어려운 상황에 직면할 수도 있었다. 결국 정부는 경제팀 수장을 정통 경제 관료로 교체한 뒤 감세 정책과 함께 7월과 11월 두 차례 기준금리를 인하하는 등 적극적인 부양책에 나섰고, 3년차인 2005년부터 주택 가격은 다시 급등하기 시작했다.

현 정부의 최초 경제 정책 목표 역시 '부채 주도 성장 정책'에서 벗어나는 것이었다. 즉 경제의 부동산 의존도를 줄이고, 제조업 중심의 경제 체제를 서비스업 중심으로 재편해 선진국처럼 내수 기반을 확충하려는 것이었다. 그러나 늘 그랬지만 현 정부의 개혁 정책은 많은 부작용과 정치적 반발을 야기했다. 결국 현 정부 출범 2년 만인 2019년 6월 경제 개혁을 추진했던 경제팀이 물러나면서 '소득 주도 성장 정책'은 좌초하고 말았다. 대신 정책 경험이 많은 관료가 등용되면서 부채 주도 성장 정책 중심의 경기부양책으로 정책 기조를 바꾸었다.

점진적 개혁을 선택했음에도 경제 개혁 과정에서 발생한 고통을 감내하기 어려웠던 것이다. 집값이 안정되면 부동산 거래가 줄어 주택 등 관련 내구재의 과소비도 줄어들고, 물 쓰듯 쓴 대출도 더 이상 쉽게 이용하기 어려워진다. 경제 체질을 개혁하기 위해서는 주택시장 의존도를 줄이고, 새로운 성장 동력을 구축해야 하는데 아무도 감내하려

하지 않았던 것이다. 게다가 경제팀의 전문성과 추진력도 부족했다. 이해 관계자와 언론은 이를 이해하려 하지 않고 버블 경제에서 누렸던 영광을 여전히 요구하기만 했지만 이를 설득하기에 역부족이었다.

구조조정 과정에서 부동산시장에 지나치게 의존하고 있는 한국 경제의 취약성이 여실히 드러났다. 점진적인 구조조정을 선택했음에도 이로 인한 고통은 갈수록 확대되었다. 미분양 증가와 함께 내수 경제는 갈수록 침체되어 금융회사의 부실이 증가하는 등 여러 위험 신호가 나타나기 시작했다. 여기에 일본의 수출 규제는 경제 위기에 직면할 수 있다는 위기감을 증폭시켰다.

경제 및 부동산 정책 수장을 교체하자마자 2019년 7월과 10월 한국은행은 이에 발맞춰 기준금리를 각각 0.25%p씩 낮춰 경기침체에 적극 대응했다. 저금리 정책 회귀와 함께 핀테크 산업과 인터넷 산업 육성 등 금융 혁신을 통한 대출 접근성 확대 정책도 강도 높게 추진했다. 다만 극심한 부동산시장 침체로 어려움을 겪고 있는 지방 부동산시장을 살리는 한편 상대적으로 많이 오른 서울의 강남 및 특정 지역의 규제를 강화하기 위해 선택적 규제 방식, 즉 핀셋 정책을 펼쳤다. 금리 인하와 같은 풍선에 바람을 넣어 투기 수요를 자극하는 대신 관심이 집중된 서울의 특정 지역을 규제해 서울과 지방 간 가격 격차를 축소하는 정책이었다. 부채 주도 성장 정책으로의 전환은 적어도 경제 성장률만 놓고 보면 성공적이었다. 일본 수출 규제 등 여러 난관도 극복했고, 집값을 부양해 내수 침체를 어느 정도 막았다. 특히 정부가 의도한 대로 지방 부동산시장을 부양해 '부울경' 등 제조업 공동화 현상으로 인한 지방 경기 부진 문제도 어느 정도 해소했다. 단기적으로 부채 주도 성장 정책만큼 효과적인 정책이 없다는 것을 확인할 수 있는 사례를 또 다시 만든 것이다.

한편 대다수 부동산 전문가는 현 정부의 부동산 정책 중 최대 실정으로 주택임대사업자에게 준 과도한 혜택을 든다. 그런데 주택임대사업자 혜택 확대는 주택시장의 하향 안정화와 같은 구조 재편을 전제로 하고 만든 정책이다. 즉 이 정책은 주택 가격 하락 시에 급매 물량을 줄이고, 임대차시장을 기업형 임대시장으로 전환하려는 의도에서 나왔다고 할 수 있다. 장기적 관점에서 기업형 임대차시장을 늘리는 것은 서민 주거 안정 정책 차원에서 중요한 과제이기 때문이다. 주택 가격 하락으로 피해를 보는 임대사업자를 지원하기 위해 만든 이 정책은 정부가 당초 계획과 달리 부양 기조 정책을 바꿀 것이라면 조기에 폐지해야 했다. 이 정책이 주택시장 부양에 도움이 될 것이라는 것은 누구나 아는 내용이었기 때문이다. 따라서 주택임대사업자 제도 도입을 비판하기에 앞서 정책의 취지를 이해하는 게 중요하다. 굳이 집값 안정화 실패의 책임을 묻고자 한다면 이전 경제팀이 아니라 후임 경제팀에 물어야 하지 않을까? 결국 향후 집값 안정을 결정짓는 요인은 정부가 부채 주도 성장 정책을 포기하느냐에 달렸다. 구조 개혁을 통해 부채 주도 성장 정책에서 벗어나지 못한다면 정부의 집값 안정 정책은 임시방편에 끝날 것이고, 또 다시 경기부양을 위해 주택시장 부양책을 선택할지 모른다. 주택시장이 앞으로도 상당 기간 지금과 같은 과열 국면이 지속될 것으로 보는 이유는 정부 스스로 이런 굴레에서 벗어나지 못할 것으로 예상하기 때문이다.

[3-9] 2019년 6월 정책 기조 전환 이후 수도권 아파트 가격과 거래량 추이

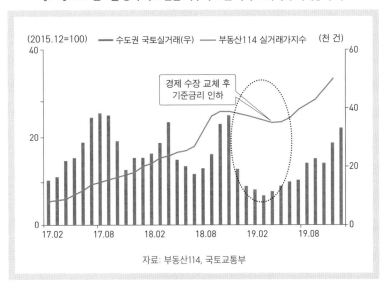

자료: 부동산114, 국토교통부

[3-10] 부동산, 건설 투자와 미분양 아파트 추이

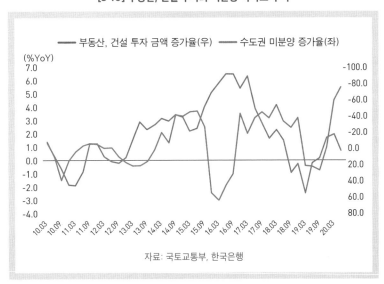

자료: 국토교통부, 한국은행

NOTE   부채 구조조정 정책에서 부채 주도 성장 정책으로 정책 기조를 변
경할 수밖에 없었던 이유를 잘 설명한 차트이다. 기준금리 인하와
함께 부채 구조조정을 위해 마련한 DSR 정책, IFRS9 등 다양한 정
책을 수정함으로써 부채 주도 성장 정책을 추진했는데 그 결과 주
택 가격과 전세 가격은 빠르게 안정되었다. 부동산시장 침체 영향
으로 나타난 미분양 증가, 건설 투자 감소 등 경기침체 영향과 정책
기조 전환으로 개선되는 현상까지 같이 설명한다. 한국 경제가 과
도하게 부동산 경기에 의존되어 있음을 시사한다고 할 수 있다.

06

부채 주도
성장 정책을
지속할 수밖에
없었던 이유

차기 경제팀은 정책 기조를 바꾼 6개월 만에 원했던 정책 효과를 달성했다. 가장 우려했던 지방 경기침체 문제가 크게 해소되었다. 가장 심했던 울산, 경남, 부산 등 지방 아파트 가격은 각각 6개월 전 대비 3.7%, 1.2%, 5.4% 상승했다. 이 과정에서 2019년 4분기 건설 투자 증가율은 5.9%까지 늘었고, 전국과 수도권 미분양 아파트도 25%, 47% 줄었다. 가계 소비 지출도 2.0%에서 2.2%로 소폭 상승했고, GDP 성장률도 2.0%에서 2.6%까지 올랐다.

그런데 이것은 약물 중독에 빠진 환자가 고통을 무릅쓰고 약물을 끊었지만 결국 그 유혹에 벗어나지 못해 또 다시 약물에 손대는 것과 마찬가지다. 결국 한국 경제는 당장 구조조정의 아픔을 견디지 못하고 빚 늘리기 정책에 손을 대면서 결국 부채의 덫에 다시 걸려들었다. 어쩔 수 없이 늘어난 부채 위험이 수면 아래에서 떠오르지 않게 하려면 버블로 버블을 메우는 전략 말고는 별다른 방법이 없다. 하지만 이후 다시 안정화 기조 정책으로 돌아가기 위해서는 더 큰 비용을 지불해야 한다.

참여정부는 2005년 2월 경제팀이 교체되면서 자연스럽게 정책 기조를 바꿀 수 있었다. 실제로 2005년 10월부터 2007년 8월까지 기준금리를 7차례 인상해 3.25%에서 5%까지 올렸고, 종합부동산세 강화, 1가구 2주택 양도소득세 중과, DTI 규제 도입 등 적극적인 대책을 실시했다. 결국 정권 말기인 2007년 이후 가격이 안정되기 시작했고 MB정부, 박근혜정부 주택시장 안정의 계기가 되었다. 더욱이 3년 만기 일시 상환 대출이었던 주택담보대출 만기를 15~30년으로 연장하고 원리금 분할 상환 구조로 바꾸었다. 이는 미국에서 시작된 글로벌 금융위기가 한국까지 전이되었음에도 가계부채 위기로 확산되는 것을 막은 의미 있는 정책으로 높이 평가할 만하다.

현 정부도 참여정부와 마찬가지로 2020년 경제팀을 교체해 부동산시장 안정화 기조로 되돌리려고 했을지도 모른다. 그러나 안타깝게도 부동산 정책 기조를 바꿀 기회를 갖지 못했다. 결정적인 이유는 코로나 위기였다. 코로나 위기가 경제에 미친 영향은 크게 금융시장, 부동산시장, 기업 세 분야로 요약할 수 있다. 첫 번째 위험은 부동산시장의 급격한 침체를 들 수 있다. 시장 변화의 영향이 큰 서울 아파트 매매 가격은 2020년 4월 실거래가지수 기준으로 전월 대비 3.9%(연환산) 하락했다. 더욱이 거래량은 전월 대비 각각 60%나 감소하는 등 시장 상황이 급격히 악화되었다. 부동산시장의 선행지표라 할 수 있는 경매시장은 더욱 빠르게 급변했다. 아파트 매매가율은 서울, 경기 각각 1개월 만에 18%, 5.9% 하락했다. 2019년 하반기부터 경기부양을 위해 부채 주도 부동산 정책을 꺼낸 상태에서 집값 하락은 가계부채 위험을 수면 위로 떠올려 금융위기를 초래할 수 있다는 점에서 가장 우려했던 사항이다. 결국 또 다시 돈을 풀어, 다시 말해 대출을 늘려 자산 버블을 만드는 것 말고는 방법이 없었던 것이다.

두 번째 예상치 못한 위험은 금융투자회사(증권사, 자산운용회사)의 부실화 가능성이었다. 이전 정부는 부동산시장 및 자본시장 활성화의 일환으로 증권 산업의 규제 완화를 적극적으로 추진했다. 대표적인 것이 자기자본 규제다. 영업용순자본비율 중심의 자본 규제를 순자본비율 방식으로 바꾸었는데, 이 과정에서 증권사는 금융 자산 중개회사에서 금융 자산 투자회사로 변모했다. 은행과 저축은행이 주도했던 부동산 PF를 장악했고, 나아가 해외 부동산, 사모펀드 등에 직간접적으로 적극적으로 투자하기 시작했다. 코로나 위기는 이와 같은 증권사의 무분별한 고위험 투자 행태를 여실히 보여주었다. ELS발 외화 유동성 부족 사태가 증권사의 위험을 수면 위로 끌어올렸지만 사실 부동산 PF와 부동산 펀드 등 해외 사모펀드의 부실화 위험이 더 컸다. 부동산 PF의 유동성 위험은 한국은행이 직접 지원해 막았지만 주택시장이 좋아져 PF 사업장이 정상화되지 않으면 부동산 PF 부실화는 막을 수 없다. 즉 코로나 위기가 또 다시 지방 아파트와 상가의 미분양 증가로 연결되어 연쇄적인 PF 부실화가 생길 수 있다는 우려가 재현된 것이다.

세 번째 위험은 코로나 위기가 국내외 경제 활동을 사실상 중단시킴으로써 내수뿐 아니라 수출 기업에까지 적지 않은 타격을 입힐 가능성이었다. 성공적인 방역으로 수출 기업은 빠르게 정상화되었지만 소규모 자영업자와 임시직 근로자의 타격으로 내수 부진과 자영업 부실화 위험 등이 수면 위로 떠올랐다.

결국 한국 정부는 역대 최대의 경기부양책을 선택했다. 재정 확대와 함께 이미 진행해온 가계부채 주도 성장 정책을 강화하는 것이었다. 즉 이 정책은 정부가 보증을 확대하는 등 리스크를 줄여 은행이 대출을 늘리도록 금리를 낮추고, 대출 규제를 완화하는 것이다. 세계에서 한국이 가장 돈을 많이 푼 나라 중 하나가 되었으니 의도했던 대로 결과는 성공적이었다고 볼 수 있다. 실제로 한국의 2020년 정부부채와 가계부채*를 합친 전체 부채 증가율은 10.8%로 주요 선진국 가운데 캐나다, 미국, 호주에 이어 4번째로 높다. 특히 2020년 가계부채 순증액 170조 원, 증가율 9.4%로 세계에서 가장 높은 증가율을 기록했다.

정부의 돈 풀기 정책이 이처럼 성공한 이유는 한국은행이 1.25%인 기준금리를 0.5%로 낮추었기 때문이다. 금융당국 역시 은행에 대해 BIS 자기자본 비율 기준을 높이는 한편 예대율과 유동성 비율 등

---

*   한국은행 자금순환표 상의 개인 금융 부채 기준.

각종 대출 규제를 완화해 은행의 대출한도를 늘려주었다. 이처럼 금리를 낮추고 대출 확대를 유도하는 정책을 펼치면 수익을 추구하는 은행은 당연히 1~3등급의 우량 고객 중심으로 대출을 제공한다. 실제로 정책 지원과 무관하게 개인사업자대출을 제외한 순수 가계대출은 2020년 4월부터 1년간 전년 순증액의 두 배인 총 150조 원이 늘어났다. 코로나 위기 1년간 대출 순증액의 95%가 1~3등급의 급전의 필요성이 없는 우량 고객에게 자금이 유입되었다. 대부분의 자금은 부동산, 주식, 가상화폐 등 자산시장으로 흘러 들어갔을 것이다.

코로나 위기 극복을 위한 정부의 자영업자 지원 정책은 주택시장 부양에 많은 도움이 되었을 것이다. 실제로 정부는 소상공인을 대상으로 총 21.5조 원의 대출을 저리로 지원했다. 그 결과 2020년 3월부터 1년간 개인사업자대출은 은행 50조 원, 비은행 30조 원 내외로 총 80조 원의 자금이 소상공인에게 공급되었다. 이들 소상공인 중 상당수가 대출 자금으로 사업을 유지한 것이 아니라 휴폐업을 하고, 대신 부동산과 주식에 투자하기도 했다. 역대 초유의 정부의 부채 주도 성장 정책이 지속되었으니 집값 상승은 당연한 성적표라 할 수 있다.

코로나 위기가 한국 경제의 브랜드 제고에 기여했고, 수출 산업의 경쟁력을 높였다는 긍정적인 부문도 많다. 그러나 이를 극복하기 위한 정부의 과도한 돈 풀기 정책은 주택 등 자산 가격 급등을 야기했다. 그 결과 빈부 격차 확대와 같은 경제적, 사회적 문제를 야기했을 뿐만 아니라, 한국 경제가 빚의 수렁에서 헤쳐 나오지 못하게 하는 데 결정적인 영향을 미쳤다.

[3-11] 한국은 코로나 위기 이후 가장 돈을 많이 푼 나라 중 하나

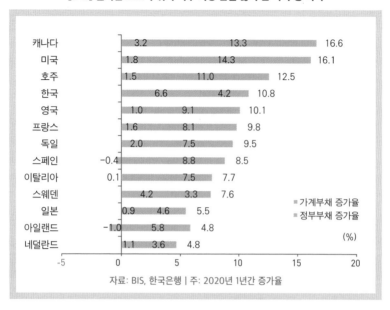

자료: BIS, 한국은행 | 주: 2020년 1년간 증가율

[3-12] 돈 풀기 정책으로 코로나 충격을 최소화한 한국(실질GDP 기준)

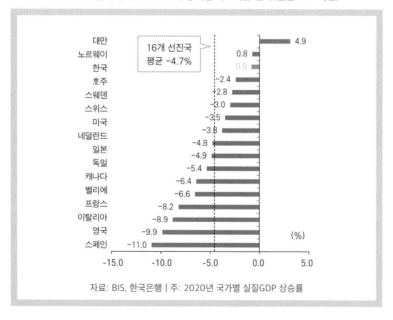

자료: BIS, 한국은행 | 주: 2020년 국가별 실질GDP 상승률

[3-13] 대출 확대 정책의 결과 집값이 가장 많이 오른 한국

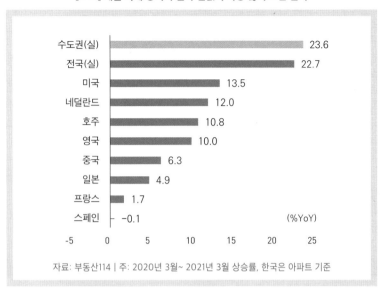

자료: 부동산114 | 주: 2020년 3월~ 2021년 3월 상승률, 한국은 아파트 기준

NOTE   코로나 위기를 극복하기 위해 한국은 가계부채 주도의 경기부양 정책
        을 썼다. 2019년 하반기부터 바뀐 정책 기조를 강화한 것이다. [3-11]
        은 세계 주요 선진국과의 부채 증가율 비교를 통해 한국 정부의 경기부
        양 정책을 나타낸 차트이다. [3-12]는 코로나 위기 이후 GDP 성장률을
        주요 선진국과 비교 설명한 차트이다. 정부의 경기부양 정책이 성과를
        거두었다고 볼 수 있는 대목이다. 경기부양 정책에는 그만큼 부작용이
        따라오게 마련이다. 정부의 과도한 부채 주도 성장 정책은 주택 가격
        급등을 야기했는데 실제로 2020년 주요 선진국 중 한국의 주택 가격
        이 가장 높은 상승률을 기록했다. [3-13]은 이를 비교 설명한 차트이다.

[3-14] 돈 풀기를 통한 부동산 부양책은 고용 증가에도 긍정적

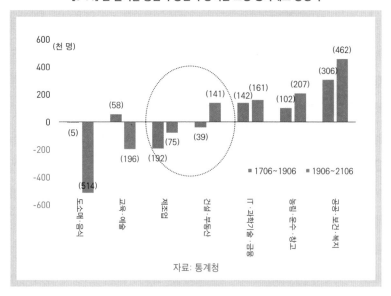

자료: 통계청

[3-15] 돈 풀기 정책, 아파트 미분양 감소에 기여

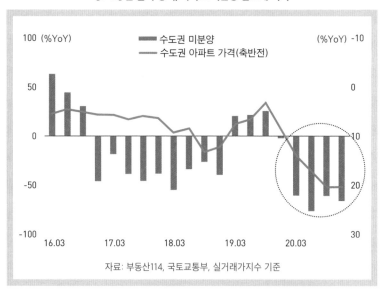

자료: 부동산114, 국토교통부, 실거래가지수 기준

코로나 위기 이후 정부의 부채 주도 성장 정책은 더욱 강화되었다. 그 과정에서 어떤 긍정적인 효과가 있었는지 설명한 차트이다. 정부의 경기부양 정책 결과 건설 및 부동산 분야에서 인력이 큰 폭으로 증가했다. 다만 4차 산업혁명이라는 명분으로 진행한 플랫폼 산업 지원 정책은 도소매, 식음료, 숙박, 교육, 예술 등 주요 서비스업의 고용 감소를 유발했다. 4차 산업혁명과 관련된 산업 육성이 IT, 과학기술, 금융 분야의 고용 창출을 유발했지만 전통 서비스업의 고용 감소를 메우지는 못했다.

Debt
Crisis

턱밑까지
차오른
부채
위기

01

미국은
언제
돈을
회수하려
들까?

개인이 빚을 남용할 경우 인생을 파멸로 몰아가듯이 정부에게 빚은 남용해서는 안 될 중독성 약물과 같은 존재다. 정부가 과도하게 돈을 푸는 방식으로만 경기를 부양하면 결국 늘어난 민간 부채는 정부 부채로 바뀌고, 결국 서구 PIIGS* 국가와 같이 파산 사태에 직면해 그 피해는 국민에게 돌아간다. 한국 정부 역시 막대한 대출로 집을 사게 만들어 주택 소유자를 행복하게 했고, 전세자금대출을 누구에게나 공

---

* 포르투갈, 이탈리아, 아일랜드, 그리스, 스페인 등 2008년 금융위기 이후 재정위기를 겪은 나라를 말한다.

급해 무주택자에게도 능력 대비 좋은 집에 살 수 있도록 했다. 낮은 소득 증가율을 생각하면 모든 게 대출의 덕이다. 그러나 금리가 오르고 대출 공급이 줄어들면 모두가 대가를 지불해야 한다. 화려한 파티는 빚에 의한 것이고, 그 비용은 머지않아 지불해야 할 돈일 뿐이다.

그 비용 지불 시기를 앞당기는 변수를 꼽는다면 가장 먼저 미국 등 선진국에서의 갑작스러운 유동성 축소가 될 것이다. 미국은 코로나 위기 이후 세계에서 가장 돈을 많이 푼 나라다. 한국이 은행을 통해 가계 중심으로 돈을 풀었다면 미국은 정부 재정을 이용해 돈을 풀었다는 차이가 있다. 기축통화라는 장점을 적극 활용한 것이다. 화폐, 즉 통화량이 늘어나면 화폐 가치가 떨어지고 반대로 재화와 서비스의 가치가 오르는 것은 당연한 현상이다. 피셔의 교환방정식*은 단기적으로 화폐의 증가가 물가 상승으로 연결된다는 것을 설명한다. 그런데 물가 상승에도 순서가 있다. 화폐를 대체해 가치를 저장하는 재화인 주식, 상품 선물, 비트코인, 주택 등이 먼저 오르고 이와 연관된 재화인 에너지, 숙박비 등이 따라서 오르는 것이다. 실제로 돈을 많이 푼 효과는 가장 먼저 주식시장에서 나타났다. 2021년 8월 27일 현재 S&P와 나스닥 지수는 코로나 위기 직후인 2020년 3월 23일 대비 102%, 121% 상승했다. 또한 집값도 폭등했다. 2021년 6월 미국 S&P 케이스-쉴러 전국 주택 가격 지수는 전년 동기 대비 18.6%로 1987년 지수 작성 이후 가장 높은 상승률을 기록했다. 시일이 지나면서 돈을 푼 효과는 소비자물가로 확대되었다. 2021년 8월 미국

---

* M(통화량) × V(통화 유통 속도) = P(물가) × Y(국민소득).

소비자물가지수는 전년 동기 대비 5.3%, 목표 물가인 2%를 크게 상회했다. 이번 물가 상승은 과거와 달리 돈을 푼 데 따른 수요 증가와 공급 부족이 함께 나타났다는 점이 특이하다. 코로나 위기로 인한 도시 봉쇄Lock down 등으로 일시적으로 생산이 중단되고, 수요 증가 대비 충분한 공급이 이루어지지 않으면서 사태를 더욱 악화시키고 있다.

경제가 위기에 봉착했을 때 정부가 돈을 풀어 위기를 극복하는 것은 당연한 정부의 역할이다. 그러나 그동안 경험하지 못한 막대한 돈을 푼 데 따른 역대 최고의 인플레이션은 예상된 결과로, 이에 대비한 조치가 나왔어야 했다.

그러나 정부가 지출한 막대한 재정은 균등하게 배분되지 않았고, 전례 없는 실업급여 지급은 근로 의욕을 떨어뜨려 고용 회복을 지연하고 사회적 갈등을 키웠다. 더욱이 피해가 적었던 직장인과 코로나 영향을 덜 받은 상공인은 정부 지원을 적게 받은 반면 물가 상승의 피해만 고스란히 떠안았다. 자연히 피해 계층의 정치사회적 반발은 갈수록 커질 수밖에 없다. 그럼에도 미국 정부는 돈을 회수하기보다 SOC 투자 등 추가적인 재정 지출을 계획하고 있다.

반면 인플레이션을 책임지고 있는 미국 연방준비은행FRB의 대응은 지나칠 정도로 소극적이다. 소비자물가 상승률은 목표치인 2%를 벗어난 지 6개월이 지나도 여전히 일시적이라는 주장이다. 델타 바이러스 등으로 고용이 회복되지 않는다는 이유로 테이퍼링Tapering* 시기를 늦추면서 돈 푸는 것을 멈추지 않고 있다. 집값이 폭등하고 있

---

*   경기 회복을 위해 추진한 양적완화(자산 매입) 조치를 점진적으로 축소하는 것을 말함.

는데도 모기지 채권을 더 사줘 집값이 더 오르도록 지원해주고 있는 것이다.

FRB도 뒤늦게 많은 사람이 일터로 돌아가는 11월부터 테이퍼링을 실시할 것이라는 보도가 늘어나고 있다. 그러나 1년 6개월 이상 장기화된 코로나 위기로 4차 산업혁명을 통해 많은 일자리를 AI를 비롯한 기계가 대체했다. 이런 식이면 테이퍼링, 나아가 기준금리 인상은 갈수록 늦어질 것이고 인플레이션 문제는 장기화될 수밖에 없다.

미국 정부의 역대 돈 풀기 정책은 경제를 코로나 위기에서 빠르게 벗어날 수 있게 했다. 그러나 정부는 인플레이션 문제를 적절히 해결하지 못했고, 기계가 사람의 일자리를 대체하는 고용 환경 변화에 대응하지 못했다. 즉 이런 문제는 계층 간 사회적 갈등을 유발하고 궁극적으로 정부의 지지율 하락으로 연결될 가능성이 높다. 결국 돈을 푼 대가를 다른 형태로 치를 수밖에 없다는 뜻이다. 정책 기조의 전환이 좀 더 빨리 체계적으로 진행되지 않을 경우 정책당국은 뒤늦게 책임을 모면하려 들 것이 분명하다. 그렇다면 2022년 FRB 의장이 교체되기 전후인 상반기부터 기준금리를 한꺼번에 올리는 등 정책 기조를 급격히 전환할 가능성이 높다.

[4-1] 미국 CPI 상승률과 부채 증가율의 관계

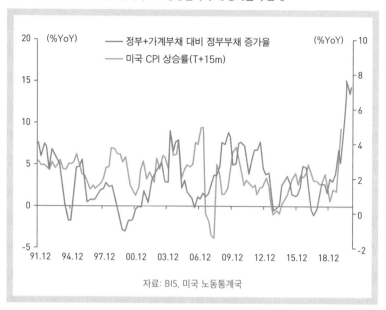

자료: BIS, 미국 노동통계국

[4-2] 미국 기준금리와 CPI 상승률 추이

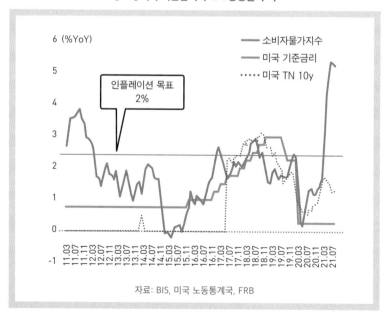

자료: BIS, 미국 노동통계국, FRB

[4-3] 미국 주택 가격과 모기지대출 증가율 추이

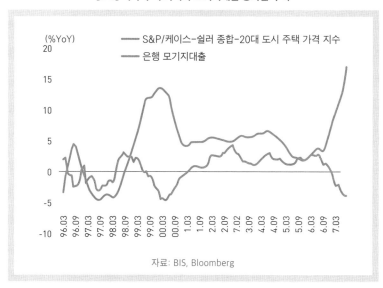

자료: BIS, Bloomberg

[4-4] 미국 부문별 CPI 상승률 비교

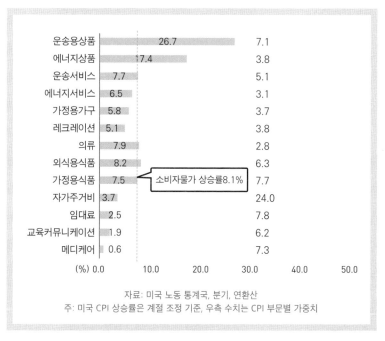

자료: 미국 노동 통계국, 분기, 연환산
주: 미국 CPI 상승률은 계절 조정 기준, 우측 수치는 CPI 부문별 가중치

NOTE   [4-1]을 통해 돈을 푼 지 대략 15개월 후 소비자물가가 상승한다는 것을 확인할 수 있다. 돈이 늘어나는 시점과 인플레이션 발생 시점이 시차를 두고 나타나는데 이는 인플레이션 지표의 보수적 산정 방식 탓이다. 그동안 미국 FRB는 목표 CPI 상승률 2%를 어느 정도 준수해왔다. [4-2]는 이례적으로 기준금리 인상을 늦추고 있음을 확인할 수 있는 차트이다. [4-3]은 최근 미국 집값 상승이 한국과 달리 가계대출 증가에 의한 것이 아니라는 것이며, [4-4]를 통해 향후 인플레이션이 장기화될 수 있음을 추론해볼 수 있다.

02

미국
금리 인상이
가계부채의
뇌관이
될까?

인플레이션 문제가 과도하게 돈을 푼 데서 시작되었으므로 결국 돈을 회수하는 정책 이외에는 대안이 없다. 어차피 피할 수 없다면 한국 입장에서는 가능한 한 경기가 좋은 시기에 테이퍼링과 기준금리 인상을 실시하되, 가급적 점진적으로 진행해 시장에 미치는 충격을 최대한 줄이는 것이 유리하다. 정책당국도 기준금리 인상에 대응할 시간을 마련할 수 있고, 시장도 충격을 어느 정도 스스로 흡수할 수 있기 때문이다. 그러나 미루고 미루다 FOMC(미국 연방공개시장위원회)에서 갑자기 긴축으로 돌아서 기준금리를 연속적으로나 한꺼번에 인상한다면 시장에 미치는 충격은 매우 클 수밖에 없다. 이때 한국은행도 FRB에 맞춰 기준금리를 빠른 속도로 인상해야 한다. 그렇지 않으면 외국인 투자 자금이 이탈해 취약한 분야에서 또 다시 유동성 위기에 노출될 수 있다.

과거를 보면 한국은행은 기준금리를 2005년 12월 3.5%에서 2007년 8월 5.0%까지 올려야 했다. 이는 부동산 가격 급등 요인도 있었지만 무엇보다 미국 FOMC가 기준금리를 지속적으로 인상해 기준금리가 역전되기 시작했기 때문이다. 미국 FOMC는 2004년 5월 1.0%였던 기준금리를 2006년 5.25%까지 17차례나 올렸다. 이 과정에서 2005년 8월부터 2007년 8월까지 미국 기준금리가 한국은행 기준금리보다 더 높은 시기가 이어졌다. 따라서 어쩔 수 없이 한국은행도 기준금리를 인상할 수밖에 없었던 것이다. 당시에는 과거 대비 주택이 절대적으로 부족했던 시기여서 기준금리 인상이 집값 급락과 같은 충격을 가져다주지 않았다. 그러나 장기간 기준금리 인상으로 저원가성 예금이 대폭 빠져나갔고 결국 이는 2008년 국내 은행 유동성 위기의 원인으로 작용한 바 있다.

한미 간 기준금리가 역전된 사례는 이 시기만이 아니다. 미국은 2015년 12월부터 기준금리를 0.25%에서 2018년 12월 2.25%까지 인상했다. 이 과정에서 2018년 3월부터 2020년 3월까지 기준금리가 역전되어 외국인 투자자의 자금이 일부 이탈했고, 2018년 11월 한국은행도 어쩔 수 없이 기준금리를 인상했다. 다만 한국은행은 2005년보다 소극적으로 대응할 수 있었다. 미국 기준금리 인상폭이 상대적으로 적었고 통화스왑 시장이 이를 어느 정도 상쇄해 대규모 자금 이탈을 줄일 수 있었기 때문이다. 그럼에도 2018년 9.13 대책이 발표된 지 얼마 안 되어 진행된 기준금리 인상은 주택시장에 큰 충격을 주었다. 더욱이 DSR 규제를 도입해 신용대출의 한도를 줄인 것이 기준금리 인상 효과를 증폭시켰다. 종합하면 미국이 제로 수준인 기준금리를 급격히 2% 이상으로 인상한다면 한국도 외국인 투자자의 자금 이탈을 막기 위해 금리를 빠르게 올릴 수밖에 없다는 결론이다.

한국은행이 기준금리를 0.75%에서 2%로 인상한다고 가정하자. 금리 인상 영향이 가장 큰 대출은 금리 인하 때 수혜 폭이 컸던 전세자금대출이다. 2~3% 내외의 전세자금대출은 3~4%로 상승할 것이다. 게다가 신용대출, 주택담보대출 금리도 가파르게 상승할 것이다. 기준금리 상승은 단지 대출금리만 올리지 않고 은행의 대출 태도도 바꿀 수 있다. 금리가 올라가면 신용 위험이 높아지면서 대출한도를 줄이고, 원리금 분할 상환 요구를 늘릴 것이다. 이미 신용대출은 2023년부터 원리금 분할 상환이 사실상 의무화되어 있어 DSR 규제에 금리 인상까지 지속되면 대출한도는 절반 이하로 줄어든다. 정부의 정책 보완이 없다면 전세자금대출과 신용대출의 팽창으로 올랐던 전세 가격과 집값이 하락 반전하는 데 결정적인 기여를 할 것이다. 많은 전문가가 주택시장의 고점을 2022년~2023년으로 보는 것도 미국의 금리 인상을 염두에 둔 것 같다. 만일 그때 금융시장 불안이 재현되거나 주택시장이 침체에 진입하면 미국의 기준금리 인상 영향은 더욱 증폭될 될 것이다.

한편 국내 외환시장, 스왑시장이 커져 미국이 금리를 올려도 한국은 올리지 않아도 된다는 주장이 있다. 한국이 가계부채와 같은 이슈가 터지지 않는다면 일리 있는 주장이다. 실제로 유럽 주요국의 건전성이 한국보다 더 나쁘기 때문이다. 그러나 이런 전제는 집값이 하락하지 않을 때만이 가능하다. 만일 집값 하락으로 세계에서 가장 위험한 가계부채 문제가 드러나 확산된다면 상황은 **역전될 것이다. 분명**히 미국 FRB의 기준금리 인상은 한국 경제의 중대**한 위협 요인이 될**수 있다.

[4-5] 미국과 한국 간 금리 차와 외국인 채권 순매수 추이(2008년)

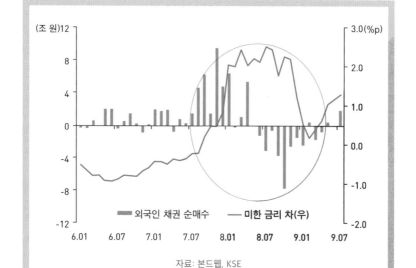

자료: 본드웹, KSE
주: 미한 금리 차 = 미국 6개월 리보 금리 - 6개월 통안채 금리

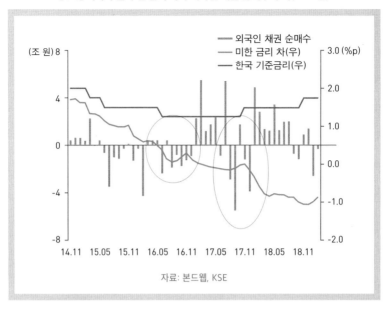

[4-6] 미국과 한국 간 금리 차와 외국인 채권 순매수 추이(2017년)

자료: 본드웹, KSE

NOTE 한미 간 금리 차가 역전되어 외국인의 자금이 이탈한 시기를 정리한 차트이다. 기준금리 차가 변동되는 구간보다는 기준금리 차가 역전된 상태에서 장기화될 때 외국인 자금의 이탈 규모가 컸다. 미국의 기준금리 인상 시에 한국도 따라 올리는 모습을 확인할 수 있다.

한국
주택시장의
정점은
언제?

최근 5년간 한국 아파트 가격은 세계 주요 선진국 중 가장 많이 올랐다. 강남의 주요 아파트의 3.3제곱미터당 가격은 이미 미국 맨해튼 아파트 가격을 뛰어넘었다. 이와 같은 주택시장 과열 현상의 직접적인 원인은 정부 정책 탓일 것이다. 주택시장은 주식시장과 달리 폐쇄된 내수시장Closed domestic Market으로 정부의 영향력이 크다. 실제로 부채 주도 경기부양 정책, 국토부의 내 집 마련 확대 부동산 정책 등 주택시장에 긍정적인 정책은 집값 상승의 결정적인 요인이 되었다. 과도한 집값 상승으로 부채 위험이 높아지면서 정책 강도가 약화되고는 있으나 정부 권력의 교체와 같은 특별한 변화가 없는 한 정부는 쉽게 정책 기조를 바꿀 것 같지 않다.

즉 무주택자의 갭투자가 주택시장 과열을 주도하고 있는 상황에서 정부는 무주택자를 실수요자로 보고 직간접적 지원을 지속할 것이고, 전세시장 급등이 지속되고 있지만 임대차 3법 보완 등 전세시장 안정화 정책에 소극적으로 대응할 가능성이 높다. 이런 기조가 지속된다고 전제할 때 국내 주택시장의 정점을 예상한다면 2023년 전후가 될 것이다. 그 이유를 요약하면 다음과 같다.

먼저 국내 금융시장 유동성과 대출금리 등에 영향을 미칠 수 있는 미국의 기준금리 인상을 들 수 있다. 미국 FRB가 2022년 상반기부터 기준금리를 인상하기 시작하면 2023년 중에는 2%대에 도달할 것이다. 그렇다면 한국도 2023년쯤에는 기준금리를 2% 이상으로 올릴 수밖에 없다. 2%까지 인상하는 시기가 2022년 하반기로 당겨진다면 주택 가격의 정점은 좀 더 앞당겨질 수도 있다. 한국은행이 2%까지 기준금리를 인상한다면 전세자금대출 평균 금리는 4%대에 근접하고 신용대출 금리 또한 5%까지 상승할 것이다. 기준금리가 2% 이상으로 오른다면 대출금리뿐 아니라 은행의 대출 태도도 크게 달라진다.

공급도 2023년 주택시장이 정점을 찍을 수 있는 요인 가운데 하나다. 2022년~2023년에는 29만 4천 호의 3기 신도시 청약이 대부분 이루어지면서 무주택자의 영끌 매수 심리가 어느 정도 완화될 것으로 예상되기 때문이다. 새 정부는 여야를 떠나 공급 확대에 주력할 것이므로 2023년쯤에는 공급이 상당 부분 이루어질 것으로 보인다.

여기에 여태까지 주택시장을 끌어올렸던 전세시장은 임대차 3법 효과가 어느 정도 일단락되는 2023년 전후부터 안정화할 것으로 예상된다. 그때까지는 가격 고점 우려와 무관하게 전세 가격 급등에 따른 불안 심리로 무주택자의 주택 매수는 지속될 것이다. 또한 충분한 보증금을 확보한 다주택자 역시 다양한 편법을 이용해 주택을 구매할 것이다.

자산은 재화와 다르다. 오를 때는 한없이 오를 것 같지만 떨어질 때는 아무도 사려 하지 않는다. 더욱이 높은 가격에서 예상하지 못한 새로운 중요한 변수가 생기면 심리는 크게 위축된다. 마찬가지로 가파르게 상승한 집값은 하락 반전 시에 급락할 가능성이 적지 않다. 그 이유를 살펴보자.

첫 번째는 갭투자가 활성화되면서 전세보증금, 신용대출, 전세자금대출 등을 끼고 주택을 매수하는 사례가 늘어, 전세 가격이 하락하면 빠르게 부채 축소 과정도 진행된다는 점이다. 가파른 전세 가격 상승으로 서울을 제외한 주요 지역의 전세 가격이 이미 70%를 넘어선 상황으로, 하락 과정에서 투자자는 깡통전세, 역전세를 경험할 수밖에 없다. 특히 사적 채무인 전세보증금은 부채 축소 과정을 정부가 통제하기 어려운 영역이라 전세 가격이 상승 반전하지 않은 한 갈수록 상황은 악화될 수밖에 없다.

두 번째는 상환 능력이 취약한 2030세대의 무주택자가 패닉 상태에서 무리하게 갭투자에 동참해 깡통전세, 역전세 상황을 감내하기 어렵다는 점이다. 집값이 하락하면 부채 축소에 대응하기 위해 투자자는 집을 매도하려고 한다. 그러면 매물이 쌓이고 쌓인 매물이 가격 하락을 불러일으킬 수 있다. 제도권 금융이 아닌 사적 금융 부문에서 디레버리지(부채 축소) 현상은 2019년 상반기에도 경험한 바 있다. 당시도 정부는 이를 해결하지 못하고 또 다시 부양책을 선택할 수밖에 없었다. 자유시장경제 체제를 채택한 미국, 아일랜드, 스페인, 영국 등 대다수 선진국 역시 질 나쁜 부채를 기반으로 주택시장을 부양했을 때 주택시장이 급격히 침체한 경험을 겪었다. 한국의 부채 위험이 당시 선진국 수준보다 더 높다는 점을 감안하면 집값 급락의 가능성은 훨씬 더 크다.

[4-7] 가계부채와 전국 주택 가격 추이 및 전망

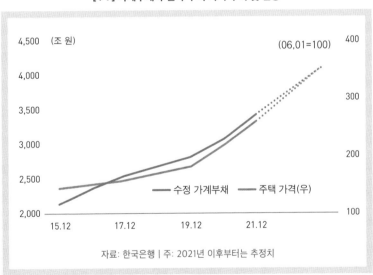

자료: 한국은행 | 주: 2021년 이후부터는 추정치

[4-8] 미국 금융위기 전후 주택시장과 연체율 추이

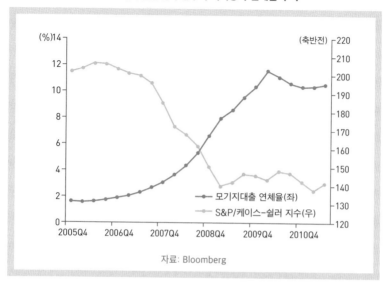

자료: Bloomberg

[4-9] 미국 은행의 충당금 잔액 비율과 무수익여신 비율

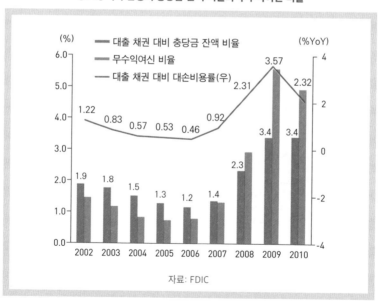

자료: FDIC

[4-7]은 가계부채와 주택 가격과의 관계를 나타낸 차트이다. 집값이 전세 가격 상승으로 계속 오를 경우 가계부채가 얼마까지 증가할지를 추정했다. [4-8]은 2008년 금융위기 국면에서의 집값 하락 과정을 나타낸 차트이다. 예상치 못한 CDO, CDS와 같은 부외 부채의 디레버리징 과정에서 연체가 늘어났고, 이후 집값 급락으로 연결되었다. 한국도 정황상 크게 다르지 않다. [4-9]는 2008년 금융위기 당시 집값 하락 시의 무수익여신과 충당금 잔액 비율 추이를 나타낸다. 위기 발생 시에 충당금이 급증할 수 있음을 시사하는 차트이다.

04

한국 경제는
집값 하락을
감내할 수
있나?

2008년 금융위기에서 보았듯이 신용팽창 가속화로 부동산 버블이 발생하면 부동산 하락 과정에서 금융위기의 가능성은 크게 높아진다. 미국 하버드대학 연구진은 '금융위기 예측 가능성Predictable Financial Crisis'이라는 논문을 통해 금융위기 발생 가능성을 예측했다. 연구진은 신용팽창이 자산 가격 붐과 동반할 경우 위기 발생 개연성이 높아진다고 설명했다. 구체적으로 과거 3년간 가계신용이 역대 추세에서 상위 20%에 들고, 가격도 상위 33% 안에 들면 금융위기 발생 확률은 1년 내 14%, 2년 내 26%, 3년 내 37%, 4년 내 41%로 높아진다고 설명했다. 한국 역시 1995년 기업 레드존에 진입하자 1997년 위기를 맞았고, 2007년도 마찬가지로 이후 많은 기업이 구조조정을 겪었다. 역대 최고의 주택 가격 상승률과 가계부채 증가율을 고려할 때 2021년 한국은 가계 레드존에 진입한 것으로 볼 수 있다. 다시 말해서 한국은 금융위기의 발생 가능성이 매우 높은 국가 중 하나라는 뜻이다.

그럼에도 한국은행은 2021년 7월 BOK 이슈노트*를 통해 주택 가격 하락이 실물 경기와 인플레이션율에 영향을 미친다고 주장했다. LTV 40%일 때 8분기 동안 최대 20% 하락할 경우 소비와 고용은 각각 0.3%, 0.5% 감소할 것으로 추정했다. 만일 LTV 75%로 가정하면 8분기 동안 최대 20% 하락할 경우 소비와 고용은 각각 -2.6%, 3.5% 감소할 것으로 추정했다. 다시 말해서 주택 가격 하락이 부채 위기와 같은 경제 재앙으로 연결될 가능성은 낮다는 것을 간접적으로 설명한 것이다.

직관적으로 생각하면 부동산114 실거래 매매가격지수 기준으로 2021년 6월까지 5년간 전국과 수도권이 66%, 79% 올랐으니 1~2년 안에 20% 하락은 충분히 가능한 가정이다. 은행권 주택담보대출의 평균 LTV가 47%로 50%를 넘지 않기 때문에 집값이 하락해도 영향은 적을 것이라는 정부의 주장도 일리가 있다. 그런데 정말 20% 하락하면 단지 소비 위축으로만 끝날 것인가?

1998년 역대 최악의 IMF 위기에도 국민은행 지수 기준 아파트 매매 가격은 고점 대비 15%, 서울 18% 하락했다. 당시 체감 하락률은

---

*   주택 가격 변동이 실물과 물가에 미치는 영향의 비대칭성을 분석.

30%를 넘는 것으로 알려져 있다. 지금은 한국 경제의 부동산과 빚의 의존도가 이전보다 높아진 점을 고려해볼 필요가 있다. 따라서 한국은행이 가정한 20% 하락이 단지 1% 미만의 소비와 고용 감소에 그칠 사안이 아닐 수도 있다. 2000년대 이후 주택 가격이 고점 대비 20% 이상 큰 폭으로 하락한 적은 없지만 2008년, 2012년, 2019년 세 차례 하락한 사례가 있다. 따라서 이를 통해 20%가 하락하면 어떤 일이 일어날지 추정해볼 수 있다.

첫 번째 시점은 MB정부 임기 첫해인 2008년 유동성 위기를 겪은 직후다. 주택 공급 물량이 급증했던 2009년 2월 전국과 수도권, 서울 아파트 가격이 당시 고점이었던 2008년 6월 대비 6.5%, 6.9%, 7.4% 하락했다. 두 번째 시점은 MB정부 임기 말인 2012년 하반기다. 저축은행 부실화에 이은 가계부채 구조조정 영향으로 주택 가격은 고점 이후 2012년 12월까지 1년 3개월 동안 5.6%, 8.4%, 9.0% 하락했다. 마지막 세 번째 시점은 현 정부가 9.13 대책을 통해 자산과 부채 구조조정을 본격적으로 추진한 2019년 상반기다. 전국과 수도권, 서울 아파트 가격은 9.13 대책 직후부터 2019년 4월까지 6개월 동안 각각 1.9%, 2.0%, 2.2% 하락했다.

세 시점 모두 하락폭은 수도권 기준으로 6.9%, 8.4%, 2.0%로 10%를 넘지 않았지만 거래량은 큰 폭으로 감소했다. 실제로 전국 아파트 매매 거래량은 2009년, 2012년, 2019년 고점 대비 각각 49.8%, 52.4%, 48.1%[*] 감소했다. 더욱이 수도권은 같은 기간 77.3%, 53.6%,

---

[*]   2008년 2분기 대비 2008년 4분기 거래량 증가율.

86.0%, 서울은 더욱 상황이 심각해 81.2%, 59.7%, 86.0% 감소했다. 표면적으로는 10% 이내 하락했다고 하지만 실질적으로는 더 큰 폭으로 하락한 것이나 다름없다. 이 정도면 사실상 시장 기능을 상당 부분 상실한 것이다. 한국은행 보고서는 가격 20%의 가정에 거래량 감소를 감안하지 않은 것으로 보인다.

한편 한국의 수도권 집중도는 세계 어느 나라보다 높다. 더욱이 한국을 주도하는 정치, 경제, 언론 등 거의 대다수 계층이 수도권에 거주하다 보니 모든 관심은 서울과 수도권에 집중된다. 그러나 비수도권에도 2019년 기준 51.8%의 가구가 살고 있으며 아파트 재고도 전체의 52%가 지방에 있다. 수도권을 제외한 나머지 지역이라고 결코 무시할 수 없는 것이다.

정부의 지방 중심의 선별적 주택시장 부양책을 펼친 결과 부산, 대전, 울산 등 주요 대도시뿐만 아니라 경남, 경북 등 한때 약세를 보인 지역의 아파트 시장까지 상승 추세를 보이고 있다. 지방은 수도권과 달리 공급 과잉 문제를 안고 있는데다 수요층도 얇아 주택시장이 침체되면 상대적으로 영향이 클 수 있다는 문제점이 있다. 1인 가구를 포함한 2020년 추정 신기준 주택보급률은 울산과 광주가 각각 110.4%, 106.9%에 달하며 강원, 충북, 전북, 전남, 경북, 경남 등 경기도를 제외한 대부분의 도 단위 자치단체가 110%를 상회하고 있다. 더욱이 지방에서는 주택의 실수요자라 할 수 있는 40대 이하 가구주가 2019년까지 4년간 26만 3천 가구 감소했다. 수도권이 같은 기간 8만 9천 가구가 감소한 것에 비해 세 배 이상 많다.

이처럼 실수요가 줄어드는 가운데 2021년까지 5년간 전체의 51%인 97만 4천 호*의 아파트를 지방에 새로 공급했다. 그 결과 심각한 공급 과잉 문제가 생겼다. 실제로 1990년 이전 설립된 구축 아파트를 제외한 아파트 빈집 비율은 9.1%로 수도권 3.8%의 2.4배에 달한다. 광역시 중에는 울산이 7.0%, 부산이 5.6%로 상대적으로 높다. 여기에 전체 입주 물량의 61%인 17만 7천 호가 2022년 예정되어 있어 이 같은 구조적 공급 과잉 문제는 더욱 심화될 가능성이 높다. 그럼에도 주택 가격이 상승한 것은 상대적으로 규제가 느슨한 탓에 투기 수요가 늘어났기 때문으로 풀이된다. 따라서 기준금리 인상 등 전반적인 투기 수요를 억제하는 정책이 효과를 발휘하여 주택 가격이 하락하면 공급 과잉 문제는 다시 수면 위로 떠오를 것이다.

공급 과잉 문제를 안고 있는 상황에서 투기 수요 축소로 집값이 하락할 경우 주택시장 침체는 단기간에 심화될 수밖에 없다. 실제로 부산, 울산, 경남, 경북 등 공급 과잉 문제를 안고 있는 주요 지역은 4곳인데 2017년 8.2 대책에 따른 대출 규제 영향으로 하락세가 장기화되면서 2019년 6월까지 2년간 각각 7.3%, 11.6%, 12.5%, 9.2%나 하락했다. 같은 기간 8.2 대책에도 서울과 경기 지역은 정부 규제에도 24.7%, 6.9% 상승한 것과는 대조적이다. 만일 한국은행의 가정대로 주택 가격이 20% 하락했다면 아마도 지방은 30% 이상 하락했을 것이다. 한국은행은 이런 지역별 차이를 감안하지 않은 듯하다.

---

*   입주 기준, 부동산114 자료.

05

주택 가격이
하락하면
은행은
안전한가?

2008년 글로벌 금융위기에서 보았듯이 주택 가격 하락을 주시하는 이유는 주택 가격 하락이 가계의 연쇄 파산과 이에 따른 은행 대출 축소 경쟁, 즉 신용경색의 발생 우려 때문이다. 집값 하락이 신용경색으로 확대되면 빠른 속도로 영향이 커질 수 있다. 집값이 급락하면 신용경색 가능성을 염두에 두어야 하지만 한국은행은 이를 배제하고 분석한 것으로 보인다. 그렇다면 한국은행의 가정대로 주택 가격이 20% 이상 하락해 주택시장 침체가 1년 이상 장기화될 경우 손실 가능성은 얼마나 될까? 지금까지는 주택 가격이 하락해도 주택담보대출의 평균 LTV가 50% 미만으로 안전하다는 주장이 일반적이다. 그러나 분석 결과 은행조차 상당한 손실을 입을 것으로 보인다.

주택 가격 하락과 거래량 감소가 동시에 진행될 경우 생각했던 것보다 신규 연체가 큰 폭으로 증가한다는 점이다. 주택 가격 하락으로 담보 가치가 하락하면 은행은 만기 연장 시에 일부 또는 전부를 상환하도록 요구하고 신규 대출을 축소하는 등 대출 공급을 줄이기 때문이다. 그러면 충분한 현금을 확보하지 못한 차주는 주택 등 자산을 매각해 원리금을 상환해야 한다. 그러나 앞서 설명했듯이 주택 가격 하락과 동시에 거래량이 급감해 제때에 자산을 매각하지 못해 채무 불이행, 즉 원리금을 연체했다. 실제로 2012년 전국 주택 가격이 5.6% 하락했을 때, 2019년 1.9% 하락했을 때 은행의 신규 연체 금액은 각각 전년 동기 대비 37.5%, 24.5%나 증가했다.

담보대출은 연체가 되었다고 해서 바로 손실이 발생하지 않는다. 중요한 것은 연체 후 담보 물건을 은행이 매각해 원리금을 얼마나 회수할 수 있을지 여부다. 따라서 은행이 제공한 여신에서 손실이 발생할지는 경매시장에서 최종적으로 결정된다. 만일 경매시장에서 주택 등 담보 자산이 낙찰되는 매각가액이 대출금과 연체 이자, 경매 비용 등을 합친 금액을 초과하면 은행은 손실을 부담하지 않는다. 따라서 가격 하락 시점에 매매시장이 제 기능을 하지 못하면 은행의 담보 물건 안정성 여부는 매매시장이 아니라 경매시장의 매각가율*로 결정된다. 경매시장은 매매시장과 달리 경매 자체의 특성상 매도의 유인

---

*   매각가율 = 매각가액 / 담보의 감정가액 × 100

이 상대적으로 많아 실질 가치를 보다 더 정확히 반영한다. 이런 이유로 경매시장은 주택시장의 선행 시장이자 주택시장 침체 시에 대체 매매시장 역할을 하기도 한다.

대다수는 연체가 장기화되어 경매시장으로 넘어가도 매각가율이 50%가 넘어 은행이 피해를 보지 않는다고 생각한다. 그러나 정작 그 상황이 오면 실상은 그렇지 않다. 대출을 이용해 집을 살 때 대다수는 주택담보대출만으로 집을 사지 않기 때문이다. 만일 주택담보대출 6억 원과 신용대출 1억 5천만 원을 합쳐 10억 원짜리 주택을 구매했다면 실질 LTV는 75%에 달한다. 주택담보대출 LTV 규제가 40~50%로 강화되어도 주택담보대출 대신 전세보증금과 은행 전세자금대출, 신용대출 등을 이용해 주택에 투자할 수 있어 실질 LTV는 전혀 낮아지지 않고 있다. 만일 6억 원의 전세가 낀 10억 원 아파트를 구매할 때 신용대출 1억 5천만 원을 이용했다면 LTV는 75%에 달한다. 여기에 전세자금대출까지 활용했다면 LTV는 80%에서 최대 90%까지 상승한다. 실제로 수도권 갭투자 가운데 전세가율 70%를 넘는 거래가 절반을 넘고, 자기자본 없이 매수한 주택 역시 10.7%에 달하는 등 투자자의 실질 LTV는 생각보다 대단히 높다.

따라서 경매 비용과 연체 이자 등을 합쳐 은행이 손실을 보지 않으려면 담보로 설정한 자산의 매각가율이 최소 80%는 넘어야 한다. 그런데 정작 주택 가격 하락 구간에는 경매 물건이 증가하면서 공정 가치 대비 매각가율의 마지노선인 80% 이하로 떨어진 것으로 나타났다. 실제로 거래량 감소폭이 상대적으로 컸던 서울과 수도권 아파트의 매각가율은 2009년, 2012년, 2019년 세 차례 평균 20.3%p, 14.7%p 하락해 75.5%, 75.5%를 기록했다.

이뿐만이 아니다. 주택 가격 하락 구간에는 경매 물건이 증가하면서 유찰도 늘어난다. 매각이 미뤄지면 연체 이자와 경매 비용은 빠르게 증가한다. 실제로 서울과 수도권 주거용 주택 경매 건수는 가격 저점 대비 평균 34.6%, 21.6% 증가했다. 그 결과 매각률도 같은 기간 큰 폭으로 하락했다. 시장이 예상하는 낙관적 기대와는 전혀 다른 양상이 전개될 수 있다는 뜻이다.

더욱이 주목할 점은 갈수록 가격 하락률에 비해 거래량 감소율과 매각률 하락폭이 커지고 있다는 것이다. 2019년 상반기 수도권과 서울 아파트 가격은 2.0%, 2.2% 하락에 그쳤다. 그러나 거래량은 48.1%, 72.5%나 줄었고, 매각가율도 11.3%p, 20.7%p 하락해 80.8%, 82.8%를 기록했다. 주택 가격이 오르면서 부채 의존도가 높아졌고 갭 투자 등 부채의 질이 악화된 탓으로 보인다. 그만큼 앞으로 주택 가격이 하락하면 은행의 대출 손실 규모가 이전보다 더 커질 수 있다.

그나마 주택시장 침체기에도 서울 등 핵심 지역의 대출 부실화 가능성은 상대적으로 낮다. 반면 지방 부동산을 담보로 한 대출 부실화 위험은 매우 높아 보인다. 이는 2018년 9.13 대책 이후의 통계 자료에서 알 수 있는데 주택 가격 하락 과정에서 연체율이 크게 늘어났다. 울산과 경남이 지역 기반인 경남은행의 1분기 가계 신규 연체율과 누적 연체율은 각각 0.44%와 0.52%로 전년 동기 대비 두 배 이상 증가한 것으로 나타났다. 연체가 늘어나면서 경매 물건 증가와 매각가율 하락 역시 피할 수 없었다. 실제로 2019년 2분기 주거용 주택의 경매 건수는 울산, 경남 각각 전년 동기 대비 56%, 111% 증가했고, 평균 매각가율은 69.2%, 68.4%*로 70%도 넘지 못했다. 지방은 서울과 수도권과 달리 LTV 70%까지도 대출이 가능했다. 결국 은행이 사전에 충당금을 충분히 적립하고, 자발적 채무 재조정을 통해 경매시장으로의 연체 전이를 줄여 손실을 최소화할 수 있을지의 문제로 귀착된다.

[4-10] 주택 가격 하락 구간 거래량과 경매 낙찰가율

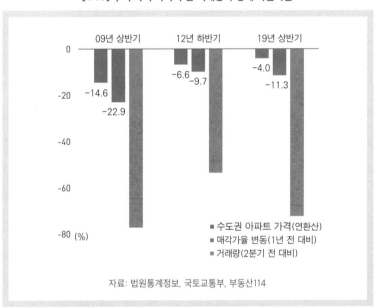

자료: 법원통계정보, 국토교통부, 부동산114

---

* 　　　매각가율은 2019년 1분기 기준.

[4-11] 주택 가격 하락 구간 연체와 미분양 증가율 비교

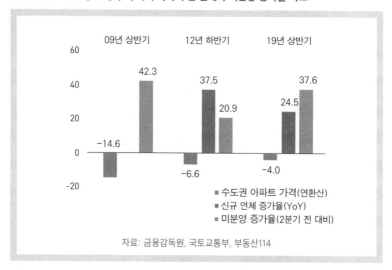

■ 수도권 아파트 가격(연환산)
■ 신규 연체 증가율(YoY)
■ 미분양 증가율(2분기 전 대비)

자료: 금융감독원, 국토교통부, 부동산114

[4-12] 2019년 주택보급률과 빈집 비율

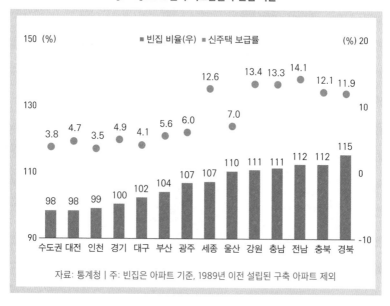

자료: 통계청 | 주: 빈집은 아파트 기준, 1989년 이전 설립된 구축 아파트 제외

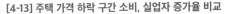

[4-13] 주택 가격 하락 구간 소비, 실업자 증가율 비교

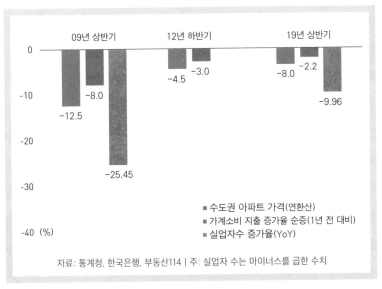

자료: 통계청, 한국은행, 부동산114 | 주: 실업자 수는 마이너스를 곱한 수치

NOTE 위 차트는 과거 주택시장 침체기에 나타났던 금융, 경제 상황을 설명한 자료다. 가장 먼저 집값이 하락하자 거래량이 급감했고, 경매시장 매각가율이 급락했다. 이어 은행 신규 연체가 급증했고 미분양이 증가했다. 이는 결국 가계 소비 감소, 실업 증가와 같은 경기 침체로 나타났다.

06

블랙스완은
아파트가
아니라
상가다?

경제만 놓고 보면 미국이 기침을 하면 한국은 독감에 걸린다. 마찬가지로 은행이 어느정도 손실을 입으면 제2금융권은 생사를 결정할 만큼 타격을 입는다. 2020년 코로나 위기 때도 그랬다. 정작 DLS 등 사모펀드 사태로 인한 직접적인 손실은 은행에서 발생했지만 외화 유동성 부족 사태로 인한 금융시장 충격은 증권사의 해외지수연동 ELS에서 비롯되었다. 필자 역시 부동산 PF, 해외 부동산펀드 등이 금융시장에 심각한 충격을 줄 것으로 예상했지만 필자를 비롯한 많은 전문가의 경고로 정부가 과감히 대처해 위기를 막았다. 역시나 아무도 예상치 못했던 ELS에서 위기가 발생했다. 다행히 한미 간 통화스왑을 체결하면서 외화 유동성 문제는 해소되었고, 2008년 외화 유동성 위기 때처럼 일시적 해프닝으로 마무리되었다. 또 한 번 예고된 위기는 오지 않는다는 격언을 생각나게 했다. 집값 하락으로 인한 금융위기의 발생 원인은 우리가 익히 알고 있는 주택시장보다 기타 부동산 관련 대출, 은행보다 제2금융권이 될 가능성이 높다.

부동산은 아파트, 일반 주택과 같은 주거용 부동산과 상가, 오피스텔, 토지, 공장과 같은 수익형 부동산으로 나눌 수 있다. 금리가 하락하면 수익률이 가치 평가의 핵심인 수익형 부동산의 수요가 큰 폭으로 늘어난다. 더욱이 주택에 대한 투자 규제가 강화되자 자산가들은 투자가 쉽고 LTV가 높은 수익형 부동산에 투자를 늘려왔다. 이 가운데서도 빌딩, 상가 등 상업용 부동산의 투자가 두드러졌다. 그 결과 2021년 6월 서울의 상가 부동산의 평당 거래액이 5년 전 대비 60%나 상승하는 등 수익형 부동산은 양호한 가격 상승 추세를 보였다. 대출금리가 많이 하락해 유지 비용이 줄었고, 자산 가격이 상승하자 대출 한도가 늘어나면서 추가 대출이 가능했기 때문이다. 금리 인하와 가격 상승이 모든 문제를 덮으면서 가격 상승을 만드는 전형적인 버블 축적 현상이 수익형 부동산에서도 재현된 것이다. 이는 고위험 대출임에도 상대적으로 정부 규제가 느슨한 틈을 타 금융회사가 경쟁적으로 대출을 늘린 데 따른 것으로 위험 관리가 제대로 되지 않았음을 시사한다.

이에 따라 금융기관의 수익형 부동산 대출은 2019년까지 4년간 연평균 10% 이상의 성장률을 기록했다. 같은 기간의 주택담보대출 증가율보다 두 배 가까이 높은 수치다. 따라서 2020년 3월 말 펀드와 리츠를 제외한 금융기관의 수익형 부동산 대출 잔액은 322.4조 원*까지 늘어났다. 상업용 부동산 투자와 연관된 은행의 부동산업과 부동산임대업 대출은 2021년 3월 말 전체 기업대출의 21%인 219조 원으로 가장 높은 성장률을 기록했다. 제조업에 이어 가장 많은 비중을 차지한 것이다. 상업용 부동산도 마찬가지로 대출 증가가 가격 상승에 결정적인 기여를 했다고 할 수 있다.

상대적으로 유동성이 낮은 고위험 대출인데도 이처럼 대출이 단기간에 빠르게 증가했다는 것은 위험이 더 늘어났음을 내포한다. 따라서 향후 부동산시장이 침체할 경우 중요한 위험 요인으로 부각될 가능성이 높다. 그 원인을 하나씩 살펴보자.

먼저 주택 가격이 하락 구간으로 전환되어 부동산시장 침체기로 들어가면 은행은 대출 상환을 요구한다. 이때 임대사업자가 대출 상환 압력을 낮추려면 임대사업의 수익성이 양호함을 입증해야 한다. 그러나 상가와 건물 등 대상 부동산이 구조적 요인과 함께 경기침체로 정상적인 수익을 내지 못해 수익성을 입증하지 못한다. 실제로 한국부동산원에서 공표하는 2021년 6월 전국과 서울 중대형 상가 공실률은 13.1%, 9.5%로 5년 만에 3.3%p, 2.8%p 상승했다.** 한국부동산원 자료는 비교적 인기 있는 특정 지역 물건을 대상으로 한 샘플 데이터이다. 따라서 실제 변두리와 지방 물건의 수익성은 공표 자료

---

*   이 가운데 은행이 2/3에 해당하는 206.5조 원, 비은행이 115.9조 원을 차지한다.

**   소득수익률은 같은 기간 1.6%p, 1.4%p나 하락해 3.21%, 3.01%를 기록했다.

보다 더 낮을 가능성을 배제할 수 없다.

이처럼 수익성이 부진할 때 부동산시장 침체가 진행되면 은행은 적극적으로 상환을 요구한다. 이때 대출 만기가 단기이거나 대출자가 원금을 상환하지 않고 있으면 상환 요구 가능성은 더욱 높아질 것이다. 실제로 1년 내 만기 도래 비중이 63.9%로 2/3에 근접하고, 원금을 내는 대출은 20%에 못 미치는 것으로 알려져 있다. 따라서 결국 남는 것은 담보 가치밖에 없는데 LTV 56%*를 초과하는 대출 비중은 47.5%로 절반 가까이가 담보로 대출금을 갚지 못할 수도 있다. 두 가지 조건을 충족하는 대출이 전체 대출의 1/3**에 달해 부동산시장이 침체되어 은행이 대출 상환을 요구하면 상당수가 연체로 전락할 수 있다는 뜻이다.

부동산시장 침체 환경에서 수익형 부동산의 수익이 제대로 나지 않을 경우 부동산 담보의 경매시장에서 회수율이 무엇보다 중요하다. 주택에 비해 상대적으로 표준화되어 있지 않아 불황 국면에서는 거래가 빠르게 감소하는 경향을 보이기 때문이다. 따라서 경매시장의 매각가율과 매각률이 담보 가치를 결정짓는 잣대가 된다. 문제는 수익형 부동산의 취약한 유동성으로 매각가율과 매각률이 주거용 부동산에 비해 현저히 낮다는 데 있다.***

---

* 차환 요구가 가능한 LTV 비율 70%에 담보 자산의 가격 하락률 20%를 가정하여 추정.

** 한국은행은 전체 수익형 부동산의 30.4%인 97.9조 원으로 추정.

*** 2017년 6월 이후 수도권 경매시장에서 상가와 토지의 평균 매각가율은 72.6%, 70.9%로 아파트와 단독주택의 95.4%, 84.4% 대비 낮다. 매각률 역시 34.6%, 30.1%로 아파트의 48.6%와 비교할 때 20%p 이상 낮다.

특히 부동산시장 침체기에 수익형 부동산이 어떤 추세를 보일지 주목된다. 주택 가격이 하락한 2012년과 2019년의 경우 수익형 부동산은 동반 하락했고 상대적으로 하락폭도 컸다. 그 결과 경매시장의 매각가율 하락폭도 매우 컸다. 실제로 2012년과 2019년 수도권 상가 매각가율은 57.8%, 52.8%까지 하락한 바 있다. 앞서 설명했듯이 LTV 56%를 초과하는 대출 비중이 절반에 근접하고, 1년 만기 도래 대출이 1/3에 달한다고 했을 때 주택시장이 침체하면 수익형 부동산은 은행과 제2금융권에 상당한 손실을 입힐 것으로 판단된다.

2008년 미국 금융위기로 많은 은행이 서브프라임 모기지 관련 손실로 피해를 입고 도산했다. 그러나 정작 미국 금융위기 당시 도산한 상당수 은행 부실화의 직접적 원인은 유동성이 낮고 담보 비율이 높았던 수익형 부동산에 대한 대출과 소상공인 대출 부실화 때문이었다는 것을 상기할 필요가 있다.

지금까지 은행 중심의 수익형 부동산 대출의 위험을 언급했다. 이번에는 그동안 제대로 다뤄지지 않았던 상호금융, 그중에서도 범위를 넓혀 비주택담보대출을 중심으로 분석해본다.* 늘 그렇지만 자료가 공개되어 관심이 집중된 경우보다는 분석이 곤란하거나 자료의 접근이 어려운 대상이 큰 문제를 야기한 사례가 많다.

통상 상호금융이란 농협, 신협, 수협, 산림조합, 새마을금고를 말하

---

*   한국은행 금융안정국에서 심층 분석한 '상호금융의 비주택부동산 담보대출 현황 및 시사점'을 토대로 작성.

는데 2020년 말 새마을금고를 제외하면 총 3,575개*의 독립적인 금융회사가 조합의 형태로 띠고 있다. 이들의 전체 대출 규모는 은행 원화 대출금의 28%인 531조 원에 달한다. 전체 대출의 2/3인 400조 원** 내외가 상가와 건물, 토지, 공장, 숙박시설 등 비주택담보대출이다. 지역적 특성과 함께 은행과의 금리 경쟁력 차이로 인한 틈새시장을 공략함으로써 상대적으로 비중이 높은 것으로 풀이된다.

먼저 대출성장률을 보자. 상호금융의 비주택부동산대출은 2021년 1분기까지 4년간 49%, 연평균 10%의 높은 대출성장률을 기록했다. 이는 주택담보대출 연평균 증가율 5%보다 두 배가 높다. 이처럼 높은 성장률을 지속한 원인은 설립 취지와 무관한 준조합원과 비조합원 대출과 기업대출이 급성장한 데에 있다. 전체 대출의 63.8%를 차지하는 준조합원과 비조합원 대출은 247조 원으로 최근 5년간 연평균 11.6%씩 성장했다. 더욱이 비조합원 대출이 연평균 12%씩 성장해 전체 성장을 주도했다. 기업대출의 평균 잔액은 1.7억 원으로 지난 4년간 순증의 88%를 차지했다. 절대 규모 등을 고려할 때 상당 부분이 외지인 투자자가 땅과 상가에 더 많은 대출을 받아 투자하기 위해 LTV 규제가 느슨한 상호금융에서 개인사업자나 법인 명의로 대출을 이용한 것으로 보인다.

대체로 지역 금융기관의 대출 규정은 상대적으로 느슨하다. 지역

---

*   농협 1,118개, 신협 879개, 산림조합 138개, 수협 90개, 새마을금고 1,300개.

**   새마을금고를 제외할 경우 총대출의 64.5%인 266조 원임. 새마을금고의 통계가 없어 비주택담보대출 비중을 60%로 가정.

주민과 상공인, 농민을 대상으로 하다 보니 상환 능력을 파악하기 쉬워 엄격할 필요가 없었기 때문이다. 그러나 외지인 대출이라 할 수 있는 비조합원 대출에도 같은 기준을 적용한 게 문제였다. 특히 그들은 규제가 강한 가계보다 규제가 느슨한 법인이나 개인사업자 명의로 많은 대출을 받았다. 기업대출의 경우는 LTV가 80%까지 가능해 70%를 초과하는 대출 비중이 19.2%에 달한다. DSR 또한 가계여신의 경우 364%로 여타 여신에 비해 압도적으로 높다. 소득 대비 대출이 많다는 것은 이자만 내는 단기대출, 변동금리 대출 비중이 높아 부채의 질이 나쁘다는 것을 시사한다. 실제로 2020년 말 비주택담보대출의 일시 상환과 변동금리 비중은 75.5%, 87.0%를 차지한다. 대출 만기도 3.2년으로 짧다. 상호금융의 취약한 위험 관리와 능력 대비 무리한 대출 관행은 높은 연체율에서 나타난다. 주택시장 활황 국면이 지속되고 있음에도 최근 급증한 기업 비주택담보대출 연체율은 2.4%에 달한다. 이는 은행 개인사업자대출 연체율 0.21%의 열 배를 넘는다.

앞서 보았듯이 결국 부동산시장 침체기에 상호금융 비주택담보대출의 손실을 결정짓는 것은 경매시장의 매각률과 매각가율일 것이다. 참고로 2021년 3월 말 상호금융 비주택담보대출의 담보 유형을 보면 토지 47%, 상가 29% 합쳐서 76%를 차지한다. 특히 저금리 기조로 투자 수요가 늘어나면서 2020년 토지와 상가 대출은 각각 9.8조원, 10조 원 증가해 전체 성장을 주도했다. 지역적으로는 비수도권이 63.8%로 압도적으로 많다.

수도권 기준 경매시장 매각률은 주택 가격이 하락한 세 차례의 평균을 내보면 토지와 상가 각각 25.4%, 24.9%에 불과하다. 주거용 부동산 대비 현저히 낮다. 주택시장이 침체로 전환되면 경매시장에서도 매각하기 어려워 금융회사가 계속 떠안고 연체 이자와 관리 비용을 부담해야 한다는 뜻이다. 토지와 상가의 주택 가격 하락 구간의 평균 매각가율은 각각 62.7%, 53.4%로 주거용 주택의 76.6%에 비해 현저히 낮다. 종합하면 주택 가격 하락 시에는 금융회사 부실화 위험이 은행보다 상호금융 등 비은행이 훨씬 높다고 결론 내릴 수 있다. 그렇다면 이들의 위기를 흡수할 수 있는 대응 능력, 즉 자본력은 어떨까? 2020년 말 순자본 비율은 8.17%로 은행에 비해 자본 여력이 많지 않다. 위험이 한꺼번에 노출된다면 언제까지 감당할 수 있을지 의문이 드는 지표들이다. 숨겨져 있던 위험이 드러나면 충격은 알려진 것보다 훨씬 더 클 수밖에 없다.

[4-14] 주택시장 과열, 수익형 부동산시장으로 확산

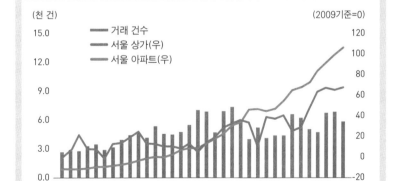

자료: 국토교통부, 한국부동산원, 부동산114

[4-15] 공실률과 무관하게 상승하는 수익형 부동산 가격

자료: 국토교통부, 한국부동산원

[4-16] 주택 가격 하락 시의 평균 매각가율 비교

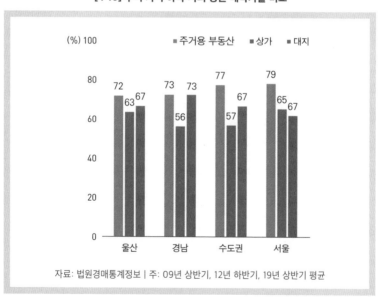

자료: 법원경매통계정보 | 주: 09년 상반기, 12년 하반기, 19년 상반기 평균

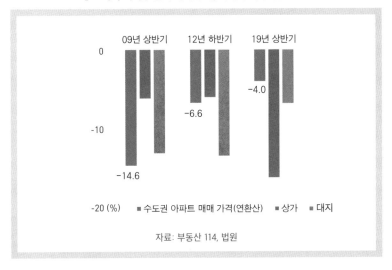

[4-17] 주택시장 침체 시의 상가, 대지의 매각가율 변동

자료: 부동산 114, 법원

NOTE

[4-14]는 서울 상가의 거래 가격을 지수화한 것을 서울 아파트 가격과 비교한 차트이다. 저금리 정책 영향으로 상업용 부동산 호황 국면이 지속되었음을 알 수 있다. [4-15]는 공실률과 서울 상가 가격과의 관계를 비교한 차트이다. 통상적으로 역의 상관관계를 보여야 하는데 거꾸로 동행하고 있다. 이는 수익성과 무관하게 수익형 부동산이 주택처럼 자산화되었기 때문이다. [4-16]은 주택 가격 하락 구간의 평균적인 경매 매각가율을 산출한 차트이다. 수익형 부동산의 매각가율이 훨씬 낮은 것을 알 수 있다. [4-17]은 수익형 부동산의 매각가율 변동을 확인할 수 있는 차트이다.

07

숨은 부실은 가계보다 기업에 많다?

자본주의는 가장 오래되고 경쟁력 있는 시장경제 시스템이다. 치열한 경쟁을 통해 강자만이 살아남고 경쟁력을 잃은 기업은 퇴출되면서 새로운 혁신 기업이 이를 대체해 성장을 주도해왔다. 미국과 유럽 주요 선진국 간의 경쟁력 역시 시장 기능이 얼마나 잘 작동하는지에 따라 차이가 났다고 해도 과언이 아니다.

만일 시장 기능에 의해 한계 기업이 퇴출되지 않고 정부의 정책 지원과 보호 등으로 연명한다면 전체 경제는 경쟁력과 이익 창출 능력 하락, 공급 과잉 문제를 유발해 장기 침체를 유발할 수 있다. 일본, 유럽 등 주요 선진국이 장기 침체에 빠져든 근본적 원인 역시 취약 기업의 구조조정을 미루면서 미국의 구글, 아마존, 페이스북 등의 혁신 기업을 배출하지 못했다는 지적이 많다. 정부의 시장 개입의 대표적 사례라 할 수 있는 저금리 정책이 장기화될 경우 잠재성장률이 꾸준히 하락한다는 것을 유럽과 일본 등을 통해 지켜봤다.

한국도 다르지 않다. 취약 기업의 구조조정이 고용을 떨어뜨려 경기를 위축시키고 금융회사 부실을 확대해 금융 불안정성을 키울 것이라는 우려에 정부는 저금리 정책으로 한계 기업 구조조정을 미뤄왔다. 특히 수출 기업은 섣부르게 구조조정을 할 경우 핵심 산업을 다른 나라에 빼앗길 수 있다는 이유도 한몫했다. 그 결과 이제는 정상 기업보다 취약 기업이 더 많은 게 현실이다. 실제로 한국은행 금융안정보고서에 따르면, 2020년 현재 영업이익으로 이자도 못 갚는 중소기업이 기업 수 기준으로 5년 만에 11.3%p가 늘어난 50.9%를 기록했고, 영업 적자인 기업은 전체의 1/4에 달한다. 은행 여신 기준으로도 큰 차이가 나지 않아 은행 대출 연장 등으로 취약 기업이 지금까지 연명한 것으로 보인다. 실제로 2021년 1분기까지 5년간 대출 증가율이 35.3%로 국내 은행은 취약 기업에 자금 공급을 늘려왔던 것으로 보인다. 그 결과 취약 기업 비중이 급격히 늘어났지만 정작 은행의 중소 법인 신규 연체율은 4년 만에 절반 수준인 0.34%로 하락했다. GDP 대비 가계부채 비율이 세계 최고 수준까지 상승했음에도 가계 연체율이 역대 최저치를 기록하는 것과 같은 상황이다.

은행 입장에서 중소기업은 표면적인 수익성만 놓고 보면 좋은 고객이 아니다. 중소기업 대출의 평균 금리는 2021년 6월 기준 2.85%로 가계대출 금리 2.92%보다 낮은데 정작 중소 법인의 신규 연체율과 연체율은 각각 0.34%와 0.6%로 가계대출의 세 배 이상 높다. 대출금리는 낮은데 비용이 훨씬 많이 든다는 뜻이다. 그럼에도 은행이 대출을 늘린 것은 정부의 정책 영향 탓이 크다. 정부는 기업대출을 늘리도록 다양한 규제와 정책 지원을 병행했다. 정부의 가계대출 규제 강화, 인터넷전문은행 허용 등 가계대출을 통한 성장이 어려워지자 상대적으로 대출 규모가 큰 기업대출을 늘렸던 것이다. 은행이 대출을 늘린 또 다른 이유는 공장, 토지, 주택 등 부동산 담보를 확보할 수 있기 때문이다. 비록 기업이 영업에 어려움을 겪어 도산하더라도 양호한 부동산시장 여건을 생각할 때 담보의 처분을 통해 원금과 이자의 대부분을 회수할 수 있다고 본 것이다.

영업 적자가 장기화되면 폐업을 통해 청산하는 것이 기업에게는 손실을 줄이는 가장 좋은 방법이다. 그러나 기업은 영업 적자가 늘어나도 대출금을 늘려 폐업을 오히려 미룬다. 영업을 계속 유지하면서 보유한 대지와 공장 부지로 발생할 수 있는 자산 가격 상승의 기회를 노리는 것이다. 경영의 주된 이유인 영업을 통해 이익을 창출하기보다 부동산 투자로 수익을 기대하는 사례다. A은행의 경우 공장을 담보로 한 임대업 대출이 전체의 1/3 이상을 차지해 상가 임대가 대부분일 것이라는 상식을 뒤엎는다. 이런 유추 해석은 중소 법인대출 증가율과 주택 가격 간 상관관계를 통해서도 확인이 가능하다.

결론적으로 중소 법인대출의 상당수는 영업 활동이 아닌 기업이라는 법적 특혜를 이용해 부동산을 투자해온 기업이거나 아예 가계대출 규제를 피해 대출을 받으려 한 가계성 법인으로 볼 수 있다. 출발은 그렇지 않았지만 영업이 위축되면서 불가피하게 경영 형태가 달라진 것일 수도 있다. 이런 가려진 부분은 부동산시장이 침체하면 수면 위로 떠오를 것이다. 법인은 가계와 달리 건당 대출 금액도 크고 채무 상환 불이행 시에 사주가 유한책임을 지는 경우가 대부분이라는 점을 주목해야 한다. 레버리지가 높은 반면 법적으로나 제도적으로나 가계대출에 비해 상환 의지가 약하다. 따라서 유동성이 낮은 땅이나 공장을 담보로 대출을 받았다가 담보 가치가 떨어지면 파산해버리는 모럴헤저드가 많이 일어날 수 있다는 뜻이다. 이런 상황을 은행이 모를 리 없다. 은행은 부동산시장이 침체로 전환되면 가장 먼저 법인대출부터 상환하려 할 것이다

2017년부터 2019년 상반기까지 주택시장 침체가 심했던 지역은 부산, 울산, 경남, 경북이었다. 대표적인 지역 은행인 부산은행, 대구은행, 경남은행의 실적 자료를 통해 향후 주택시장이 침체할 때 나타날 수 있는 상황을 어느 정도 유추해볼 수 있다. 당시 중소 법인 대상 신규 연체율은 가계나 개인사업자 대출 대비 매우 높은 증가율과 수준을 보였다.

결론적으로 주택 가격의 하락은 단순히 주택 관련 대출 부실화 문제로 끝나지 않는다. 지금까지 미루고 미뤄왔던 취약 기업의 구조조정이 시작됨을 의미한다. 따라서 집값이 20%나 하락해도 금융회사가 안전하리라고 가정하는 것은 분명히 지나치게 낙관적인 분석으로

볼 수 있다. 참고로 국내 은행의 중소 법인대출 규모는 2021년 3월 말 463조 원이다. 이는 전체 원화 대출금의 23.8%로 주택담보대출 30.8% 다음으로 높은 비중을 차지한다.

[4-18] 지방 주택 가격 하락 시의 지방은행 부문별 연체율 비교

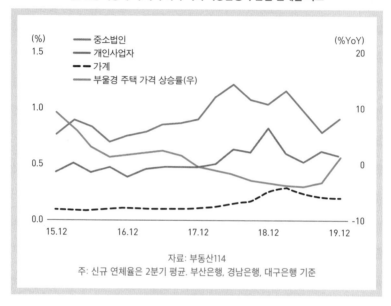

자료: 부동산114
주: 신규 연체율은 2분기 평균. 부산은행, 경남은행, 대구은행 기준

[4-19] 중소 법인대출 증가율, 경기보다 주택시장에 연동

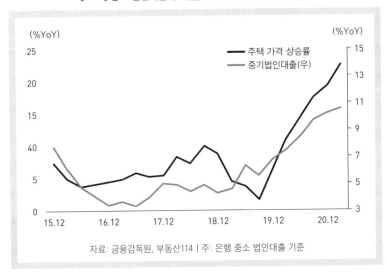

자료: 금융감독원, 부동산114 | 주: 은행 중소 법인대출 기준

NOTE   [4-18]은 2017년부터 2019년까지 진행된 '부울경' 지역의 주택시장 침체와
이에 따른 은행 연체 추이를 나타낸 차트이다. 향후 주택시장 침체가 장기
화될 경우 예상할 수 있는 중요한 자료다. [4-19]는 중기 법인대출 증가율과
주택 가격 상승률을 나타낸 차트이다. 중기 법인대출 증가율은 경기가 아
니라 주택 가격과 높은 상관성을 보인다는 뜻이다. 법인대출에는 순수 기
업보다 부동산 투자 성향의 기업이 상당 부분 포함되어 있음을 시사한다.

08

금융회사는 위기에 얼마나 대비하고 있을까?

금융회사는 대출을 제공할 때 부실이 발생할 것을 대비해 미리 예상 가능한 손실을 추정해 비용으로 적립해두고, 예상하지 못한 손실에 대비해 추가 자본도 쌓아둔다. 설령 채무 불이행, 즉 채무자가 대출을 못 갚는 사례가 발생해도 대손충당금을 충분히 적립해두면 그 돈으로 처리하면 된다. 따라서 금융당국 역시 금융회사가 충분한 대손충당금과 자본을 확보하도록 요구하고 있다. 예상할 수 있는 위험뿐만 아니라 예상치 못한 위험이 발생했을 때도 금융회사가 충분히 신용을 창출할 수 있도록 추가적으로 규제를 했다. 부채 위험 증가에 대비해 두 가지 안전장치를 확보한 것이다. 따라서 두 가지 안전장치가 튼튼하다면 대출자의 채무 불이행이 늘어나도 금융회사의 부도 위험은 크지 않고 금융위기로 확산되지 않는다.

현재 적용되는 회계 기준과 감독 기준에서 금융회사는 과거의 연체 발생률, 회수율 등 부실 발생 경험을 토대로 예상 가능한 손실률을 추정해 대손충당금과 추가 자본을 적립하고 있다. 미래를 대비해서 충당금과 자본을 쌓아두는 것이지만 가장 신뢰할 만하고 객관적인 것이 과거의 통계 자료이기 때문이다. 쉽게 말해서 과거에 빚을 잘 갚은 대출자가 앞으로도 잘 갚는다고 생각하는 것이다. 예를 들면 2020년 말 은행의 고정이하여신 비율이 0.5%이면 이에 맞춰 대출 채권 대비 충당금 적립률도 0.45%로 쌓는 것이다. 부실 자산이 덜 발생하면 미래를 위해 충당금을 적게 쌓고, 많이 발생하면 충당금과 자본을 그만큼 많게 쌓아두는 방식이다.

정상적인 경제 구조에서는 이런 방식이 매우 합리적이고 효율적이다. 그러나 만일 채무자의 연체 등 부실 발생이 특정 요인에 의해 왜곡된다면 이 방식은 오히려 위험을 키울 수 있다. 예를 들면 주택담보대출처럼 연체 발생 확률이 소득보다는 주택 가격 등 자산 가격에 의해 결정될 때다. 주택 가격이 하락할 경우 연체율은 과거 수치와 무관하게 한꺼번에 상승할 수 있다. 더욱이 대출의 원리금 분할 상환 비중이 낮은 단기 이자 상환 대출 비중이 높을 때 금리가 갑자기 오르거나 은행이 대출을 줄이면 연체율은 급격히 올라간다. 왜냐하면 과거 가장 연체 수준이 낮았을 때를 기준으로 충당금과 자본을 적립해두었는데 대출자의 채무 불이행에 따른 손실이 과거 경험치와 전혀 무관하게 급등하는 상황이 초래되기 때문이다. 주택시장 침체로 이런 상황이 현실화되면 금융회사가 대비한 돈은 금방 바닥 나 연쇄 파산과 함께 이에 따른 금융위기는 피할 길이 없다.

이제 국내 금융회사의 상황을 보자. 오랜 기간 소득 대비 부채가 증가했기 때문에 금융회사 연체는 일정 수준 늘어나는 게 정상이다. 고신용자를 대상으로 한 은행 연체율이 하락했다면 서브프라임 고객을 대상으로 한 제2금융권의 연체율은 상승해야 한다. 그러나 은행뿐만 아니라 카드사, 캐피털사, 서브프라임 대출이라고 여기는 저축은행 가계대출 연체율 모두 역대 최저치를 기록했다. 낮은 연체율이 상환 능력과 무관하다면 연체율에 맞춰 충당금을 적게 쌓아둔 것은 은행 등 금융회사의 위기 대응 능력이 매우 취약하다는 것을 시사한다.

실제로 상환 능력이 달라지지 않아도 금리나 만기 등 대출 조건이 바뀌면 채무 불이행 발생 가능성, 즉 연체율은 달라질 수 있다. 따라서 이와 같은 연체율 하락은 상환 능력의 개선이라기보다 대출금리 인하와 대출 확대 등 정부 정책과 이에 따른 집값 상승의 결과로 볼 수 있다. 다시 말해서 금리 인하 정책이 이자 부담을 줄였고, 정부의 신용대출과 전세자금대출 활성화 정책이 주택담보대출의 수요를 낮춰 원금 상환 부담을 줄인 것이다. 여기에 집값이 상승하면서 대출 한도가 늘어난 점, 저소득층에 대한 저금리 대출 지원을 강화한 점 등이 상환 능력 대비 연체율이 낮은 이유다. 이는 해외 선진국 은행과 비교해봐도 쉽게 확인할 수 있다. 가계부채 위험이 세계 주요국 중 가장 높은데 연체율과 대손비용률이 낮은 것을 은행의 위험 관리 능력이 뛰어났기 때문이라고 주장한다면 그것은 가계대출 구조를 제대로 이해하지 못한 탓이 크다.

2020년 말 기준 GDP 대비 가계부채 비율이 78%로 한국의 절반에도 못 미치는 미국의 사례를 보자. 미국 은행의 모기지 연체율은 1.74%로 국내 은행의 10배에 달한다. 이처럼 연체율에 차이가 있는 이유는 원리금 분할 상환 대출을 기본으로 하고 있는 미국의 금융 시스템과 한국 시스템의 차이와 함께 상대적으로 높은 대출금리 탓이다. 당연히 높은 연체율은 충당금의 차이를 발생한다. 미국 은행의 충당금 적립률은 코로나 위기 시점에서 적극적으로 대응한 결과 2019년 1.2%에서 2020년 말 2.2%까지 상승했다. 한국의 은행이 코로나 위기에도 충당금 적립률을 0.45%에서 0.42%로 낮춘 것과는 대조적이다.

한편 현 회계 기준에서는 동일한 방식의 충당금과 자기자본을 쌓기 때문에 충당금을 적게 적립하면 필요 자본, 위험가중자산도 상대적으로 작게 평가된다. 예상대로 해외 선진국 은행과 비교하면 같은 현상이 나타난다. 2019년 말 기준 국내 3대 금융그룹*의 BIS 기준 보통주 자기자본 비율은 12.4%로 해외 선진국 은행과 비교하면 상대적으로 낮다. 2019년 기준으로 북유럽 국가 은행의 보통주 자본 비율은 18.1%에 달한다. 영국, 프랑스, 독일의 은행 역시 국내 은행

---

*   우리금융그룹은 부분적으로 표준모델을 적용하고 있어 이를 제외한 KB, 신한, 하나금융그룹 평균.

보다 높다.

미국 은행의 보통주 자본 비율은 국내 은행 그룹과 비슷한 수준이다. 그러나 이는 앞서 말했듯이 국내 은행이 위험 자산을 상대적으로 과소 계상한 데 따른 것으로 추정된다. 위험가중자산 산정 방식에는 표준모델과 과거 경험 손실률을 통해 산출한 내부등급법 두 가지가 있다. 국내 4대 은행의 총자산 대비 위험가중자산 비율은 2019년 말 기준 51.3%로 표준모델을 적용하는 미국 중형 은행의 82%와 비교해볼 때 현저히 낮다. 내부등급법이 표준모델 방식보다 위험가중자산이 작게 계상되고 있음을 시사한다.

이와 같은 충당금과 위험가중자산 계산의 문제점은 2008년 금융위기를 초래한 원인 가운데 하나라는 지적을 받았다. 충당금 문제를 보완하기 위한 것이 IFRS9이고, 위험가중자산 계산 문제를 보완한 것이 Basel III 최종안이다. IFRS9은 미래 상환 능력에 맞춰 충당금을 적립할 수 있도록 한 새로운 회계 기준이다. Basel III 최종안은 내부등급법으로 산출한 위험가중자산이 표준모델로 산출한 위험가중자산의 72.5% 이상이 되도록 했다. 다만 충격을 줄이기 위해 2022년 1월부터 5년간 단계적으로 올리고 신용 리스크 위험 가중치를 완화했다. 만일 이를 적용할 경우 국내 은행 그룹의 보통주 자본 비율은 이전보다 1~2%p 하락할 것으로 추정된다.

한편 코로나 위기가 발생하자 은행의 자본 부담을 줄이기 위해 바젤위원회는 시기를 1년 미뤄 2023년 1월부터 도입하기로 했다. 그러나 한국 금융당국은 자본 비율이 상승할 수 있는 신용 리스크 가중치 변경안만 2020년 하반기부터 도입했다. 이로써 국내 은행 그룹의 보통주 자본 비율은 이전보다 1~1.3%p 상승했다. 코로나 위기 이후 여타 선진국과 달리 자본 비율 기준을 변경해 은행이 보다 더 대출을 늘릴 수 있도록 유도한 것이다. 한국의 가계가 미국의 가계보다 채무 상환 능력이 뛰어나다는 근거는 어디에도 없다. 한국의 금융 시스템이 미국보다 튼튼하다는 근거도 없다. 그럼에도 미국 대비 충당금 적립 수준과 자본 비율이 과도하게 낮다는 것은 금융 시스템의 안정성이 그만큼 취약함을 시사한다.

[4-20] 낮은 부실여신 비율의 원인은 높은 대출성장률

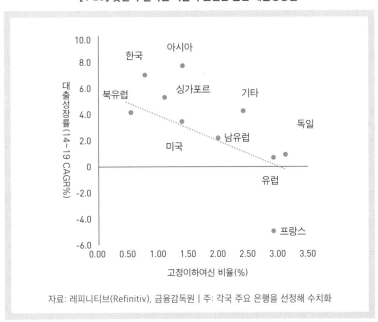

자료: 레피니티브(Refinitiv), 금융감독원 | 주: 각국 주요 은행을 선정해 수치화

[4-21] 국내 은행, 세계 최저 수준의 충당금 적립률

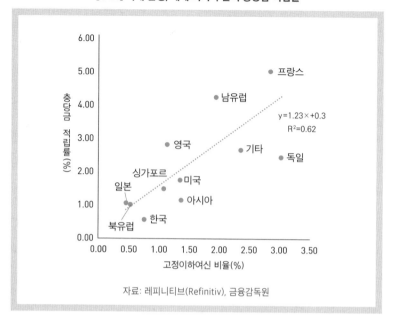

자료: 레피니티브(Refinitiv), 금융감독원

NOTE   위 차트는 세계 주요국의 2~3개 대형 은행을 뽑아 산출한 수치다.
[4-20]은 대출성장률과 고정이하여신 비율의 관계를 설명하는 차
트이다. 성장률이 높으면 연체도 낮다는 것을 시사한다. [4-21]은
충당금 적립률과 고정이하여신 비율 차트이다. 연체가 발생하지 않
으면 충당금도 낮게 설정된다는 뜻이다.

집값 하락으로 인한 일자리 감소를 해결할 수 있나?

한국은 주요 선진국 중에서도 GDP 성장률이 높은 나라다. 2016년 부터 2020년까지 최근 5년간 실질GDP 성장률은 연평균 1.9%로 대만에 이어 2위다. 그럼에도 위기 국면, 장기 침체라는 주장이 언론에 빠지지 않고 등장한다. 이는 기대성장률이 높은 측면도 있지만 성장률에 비해 고용 증가율이 낮은 탓도 있다. 실제로 고용 증가율은 같은 기간 연평균 0.5%로 OECD 평균에도 못 미친다. 이를 정부별로 나누어 보면 고용 문제는 확연히 드러난다. 현 정부 임기 때 늘어난 고용은 63만 1천 명으로 이전 정부 대비 1/3에 불과하다. 특히 주목할 것은 늘어난 고용 가운데 고용의 질이 열위에 있는 단순 노무직과 농림어업직이 56만 명 증가했다. 반면 중산층 가계가 가장 많이 포함된 판매 종사자, 기능원, 조립 종사자는 46만 명이 일자리를 잃었다. 정부는 일자리 창출을 위해 4차 산업을 육성했지만 사실상 늘어난 일자리보다 이로 인해 줄어든 일자리가 두 배 이상 많다. 결국 고용 감소는 소비 감소로 연결될 수밖에 없다. 실제로 가계 명목소비 지출 증가율은 지난 5년간 GDP 성장률의 절반에도 못 미치는 5%로 연평균 1%에 그쳤다.

결국 경제 성장이 고용 증가로 연결되지 못하면서 정부 정책은 더욱더 부채 의존적, 부동산시장 의존적일 수밖에 없었다. 2014년 건설 투자와 정부 지출이 GDP에서 차지하는 비중은 28.8%에 불과했지만 2017년 31.5%까지 증가했다. 궁여지책으로 또 다시 민간 소비 비중의 감소를 건설 투자와 정부 지출로 메운 것이다. 건설과 부동산업이 GDP에서 차지하는 비중은 12%이지만 ILO 기준으로 2019년 건설과 부동산업에 종사하는 고용 인구는 전체의 18.6%를 차지하는 506만 1천 명으로 늘어났다. 2019년까지 5년간 늘어난 일자리 중 절반이 건설과 부동산업에서 생겼다. 부동산과 연관된 도소매업, 금융업 등을 고려한다면 전체 늘어난 일자리의 2/3에 근접할 것으로 추정된다.

앞서 설명했듯이 한국의 주택시장은 가격이 소폭 하락해도 거래가 급감하는 특징을 갖고 있다. 만일 주택시장이 침체 국면에 들어서면 건설 및 부동산 분야에서 실업이 큰 폭으로 늘어날 뿐 아니라 장기화될 경우 자영업, 금융업 등으로 확산될 것이다. 또한 주택 가격 하락 과정에서 미루었던 한계 중소기업이 구조조정되면서 제조업에서까지 일자리가 줄어들 것이다.

취약한 구조의 노동시장을 갖고 있는 상황에서 주택시장 침체를 겪는다면 내수 부진과 실업률 증가는 피할 수 없다. 주택시장 침체가 장기화될 경우 단순히 보고서에서 주장하는 이상으로 소비 감소는 불가피하다. 역대 모든 정부가 구조조정을 추진하다 포기했던 것도 결국 소비 침체에 따른 경제 주체의 반발을 감내하지 못했기 때문이 아니었던가!

[4-22] 한국, 주요 선진국 중 가장 경제성장률이 높은 나라

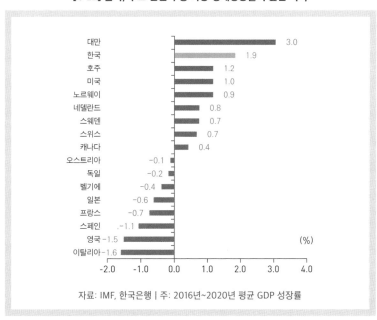

자료: IMF, 한국은행 | 주: 2016년~2020년 평균 GDP 성장률

[4-23] 경제 성장 대비 부진한 고용, 한국의 구조적 문제

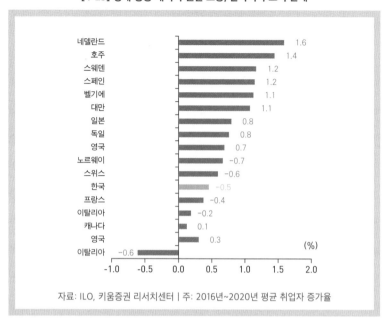

자료: ILO, 키움증권 리서치센터 | 주: 2016년~2020년 평균 취업자 증가율

[4-24] 현 정부와 이전 정부의 신규 고용 비교

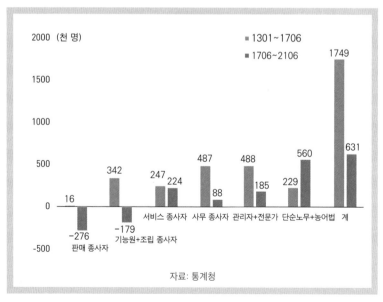

자료: 통계청

NOTE   [4-23]은 과거와 달리 GDP 성장이 고용으로 연결되지 않는 구조적

문제점을 설명하는 차트이다. GDP 성장률은 주요 선진국 중 가장

높지만 고용 성장률은 가장 낮은 수준임을 보여준다. [4-24]는 고

용의 질을 설명하는 차트이다. 현 정부 이후 추진한 4차 산업혁명,

즉 기계가 사람을 대체하면서 판매직과 기능직 종사자의 일자리가

크게 줄어들고 있음을 확인할 수 있다. 문제는 이를 어떤 산업이 대

체하느냐인데 정부의 의도와 달리 대체하지 못하고 있다.

10

금융위기를 겪으면 막대한 재정 지출이 불가피하다?

2008년 전후 상당수 선진국이 가계부채발 금융위기를 겪으면서 얻은 교훈은 가계부채 위기의 위험성일 것이다. 자산 버블의 붕괴 과정에서 가계부채 축소가 동반해 나타났고, 그 과정에서 상당수 가계는 파산을 경험했다. 또한 상당수 금융회사가 도산하고 내수 침체, 실업 증가 등과 같은 악순환에서 상당 기간 벗어나지 못했다. 결국 정부 재정으로 은행을 지원하여 신용 기능을 정상화해야 했고, 도산 위험에 처한 기업에도 재정을 지원해 살려내고, 파산으로 생활이 어려운 가계를 지원했다. 나아가 경기부양을 위한 재정 확대 정책 등 막대한 재정이 소요되었다.

금융위기를 겪은 미국의 사례를 보면 가계부채발 금융위기가 얼마나 경제에 심각한 영향을 미치는지 쉽게 이해할 수 있다. 집값이 하락하면서 모기지대출 연체가 늘어나기 시작했다. 2007년 4분기 말 3.09%에 불과했던 모기지 연체율은 2010년 말 10.4%까지 상승했고, 전체 모기지의 4.5%가 압류 절차를 밟았다. 900만 가계가 집을 잃고 수백만 가계가 대출금을 갚기 위해 소비를 줄여야 했다. 은행의 도산과 함께 기업의 도산이 줄을 이었고, 그 과정에서 실업률 상승과 경기침체가 지속되었다. 2008년 4.6%에 불과했던 실업률은 2010년 9.6%까지 상승했고, 2009년 실질GDP 성장률은 -2.5%까지 하락했다. 정부는 가계부채 구조조정에 따른 영향을 최소화하기 위해 막대한 재정을 투입했다. 또한 정부는 양대 모기지업체인 패니매Fannie Mae와 프레디맥Freddie Mac을 국유화하는 한편 AIG, 시티그룹에 자금을 지원했고, 부실채권의 인수를 위해 TARPTroubled Assets Relief Program(부실자산 구제 프로그램)를 시행해 금융시장을 정상화했다. 여기에 자동차 3사에 공적자금을 지원해 실업을 최소화했으며 GDP의 6%에 해당되는 재정 지출 중심의 경기부양책을 실시했다. 그 결과 실질GDP 성장률은 2010년부터 플러스 성장으로 돌아섰지만 막대한 정부부채 증가를 겪었다. 실제로 가계부채는 4년간 3.8% 감소한 반면 정부부채는 57.4%나 늘어났다. 따라서 GDP 대비 가계부채 비율은 12.1%p 줄어 2012년 83.8%까지 하락했다. 반면 정부부채 비율은 같은 기간 30.8%p 늘어나 102.5%까지 상승해 대표적인 정부부채 과다 보유 국가로 전환되었다. 부채 구조조정 과정에서 정부부채 비율 증가폭이 가계부채 비율 감소폭의 2.5배나 늘어난 것이다.

같은 시기 금융위기를 겪은 영국 등 주요 선진국은 더 큰 어려움을 겪었다. 2009년 실업률은 7.6%까지 상승했고 GDP 성장률도 -4.1%까지 하락했다. 그 결과 GDP 대비 가계부채 비율은 5.0%p 줄어 2012년 89.2%까지 하락했지만 정부부채 비율은 같은 기간 42.1%p 늘어나 96%까지 상승했다. 가계부채 비율 감소폭 대비 정부부채 비율이 무려 8배나 늘어난 것이다. 경제력이 취약한 PIGS 국가의 가계부채발 금융위기 피해는 더욱 상황이 심각했다. 스페인의 실업률은 4~5년 전의 두 배인 2012년 25%까지 상승했다. 정부의 구조조정 노력에도 2012년까지 4년간 가계부채를 8.3%밖에 줄이지 못했고 정부부채는 93.1%나 늘어났다. 더욱이 구조조정과 경기부양에 실패하면서 재정은 지속적으로 증가해 스페인의 GDP 대비 정부부채 비율은 2008년 42%에서 2012년 87%, 2014년 113%까지 상승했다. 여기에 코로나 위기까지 겪은 스페인은 GDP 대비 정부부채와 가계부채 합산 비율이 202%(2020년 12월 말 기준)로 세계 주요국 중 부채 위험이 가장 높은 나라가 되었다.

결국 과도한 가계 채무는 경제 성장에 부담을 주고 채무의 지속 가능성을 낮춰 또 다시 경제 성장을 낮추는 요인으로 작용해왔다. 카르멘 라인하트Carmen Reinhart와 케네스 로코프Kenneth Rogoff는 저서 〈채무 시대의 성장Growth in a Time of Debt〉에서 공공 부문 채무가 GDP의 90%를 넘으면 부채 부담으로 경제성장률이 급격히 떨어진다고 주장했다. 과도한 부채로 은행의 신용창출 기능이 약화되고 위축된 소비를 메우기 위해 정부는 재정을 늘릴 수밖에 없다는 뜻이다. 더욱이 자발적 구조조정에 실패해 금융위기를 겪으면 정부가 부담해야 할 채무는 더 늘어난다. 금융위기 과정에서 성공적으로 위기를 극복한 미국조차 GDP 대비 비율 기준으로 볼 때 가계부채 감소폭 대비 정부부채 증가폭이 2.5배나 많았다. 같은 기준으로 영국, 스페인, 아일랜드 등은 8배에서 10배나 많았다.

[4-25] 부채 구조조정 과정에서 정부부채 급증 현황(2008-2012)

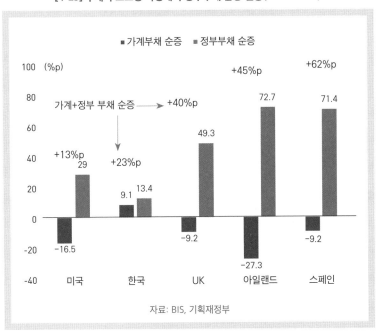

자료: BIS, 기획재정부

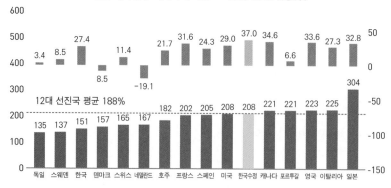

[4-26] 가계부채와 정부부채를 합친 부채 평가 및 비교

자료: BIS, 기획재정부 | 주: 2021년 3월 말 기준

NOTE 　금융위기를 겪은 선진국은 위기 이후 4년간 가계부채를 얼마나 구

조조정했는지, 구조조정 과정에서 정부부채가 얼마나 늘었는지 확

인할 수 있는 차트이다. 부채 구조조정에서 전체 부채는 더 늘어나

는 모습이 나타났다. [4-26]은 주요 선진국의 최근 5년간 정부와

가계 부채 증가율과 부채 규모를 GDP와 비교한 차트이다. 이미 한

국의 경우 가계부채와 정부부채를 합치면 부채 규모가 절대적으로

많은 나라로 분류됨을 알 수 있다.

Debt
Crisis

부채 위기를
피할 수 있는
대안은
있는가?

01

지금이 마지막 기회다!

과도한 신용팽창과 이에 따른 자산 버블은 언젠가는 터지게 마련이다. 그렇다면 계속 버블이 터질 때까지 방치할 것인가, 아니면 미리 어느 정도 부채 구조조정을 할 것인가의 선택만 남는다. 앞서 보았듯이 많은 나라는 선제적 부채 구조조정에 실패해 금융위기를 겪었으며 부채 구조조정 비용 이상의 막대한 정부 지출이 필요했다.

부채와 자산 구조조정이 함께 이루어진다면 어떤 형태로든 재정지출 증가에 따른 정부부채 증가는 불가피하다. 일부 금융기관의 구조조정으로 신용창출 기능은 크게 위축될 것이고, 많은 부동산 및 금융 관련 종사자의 실업으로 급격한 소비 위축을 피하기 어렵다. 위기에서 벗어나려면 신용 기능 회복을 위한 막대한 금융회사 구조조정 비용과 소비 진작을 위한 재원이 필요하다. 여타 선진국이 그랬듯이 한국도 부채 구조조정 과정에서 정부 재정을 이용할 수밖에 없고 이 과정에서 정부부채가 급증할 것이다.

앞서 보았듯이 부채 구조조정의 진행 여부에 따라 나라별로 정부부채의 증가폭과 구조조정 이후의 경쟁력은 달랐다. 미국은 금융위기 이후 구조조정을 통해 세계 경제 장악력을 높였지만 영국, 스페인, 이탈리아 등 유럽의 주요국은 사실상 성장 동력을 잃고 아직까지 구조조정의 후유증에 시달리고 있다. 따라서 성공적인 부채 구조조정은 국가 경쟁력 제고의 중요한 요소다.

구조조정 성공 여부를 판단하는 가장 중요한 기준은 비용을 감당할 수 있는 충분한 재정과 비용을 얼마나 최소화할 수 있느냐이다. 부채 구조조정 진행 과정에서는 정부부채를 이용해 구조조정 비용을 얼마나 감내할 수 있느냐가 중요한 사안이 될 것이다.

한국은 GDP 대비 가계부채 규모가 세계 최고 수준이지만 정부부채가 낮은 국가다. 예를 들어 구조조정을 통해 GDP의 160%대에 달하는 가계부채를 100%대로 낮춘다고 가정해보자. 이 경우 한국의 정부부채 규모는 2020년 말 44.8%에서 104.8%까지 상승한다. 구조조정 이후 한국의 정부부채 규모는 분명히 경계할 수준이지만 상대적으로 더 위험한 주요 유럽국과 비교하면 비슷하거나 작다. 더욱이 한국의 제조업 경쟁력으로 경상 흑자가 당분간 지속될 수 있다는 점은 부채 구조조정 과정에서 새로운 위기로 전이될 가능성이 높지 않음을 말해준다.

한편 여타 선진국과 달리 주택금융공사, 주택도시보증공사, 서울보증보험 등과 같은 정부 투자 금융기관을 적극 활용함으로써 추가적인 재정 지원 없이 가계부채를 정부 부채로 전환할 수 있다. 금융 불안정성 위험 증가의 방어쇠 역할을 할 수 있는 역전세나 깡통전세 문제를 정부 투자기관이 전세금반환보증, 전세자금대출 등의 방식으로 개입해 상당 부분 완충할 수 있기 때문이다. 실제로 162조 원의 전세자금대출은 서울보증보험, 주택금융공사, 주택도시보증공사HUG 등에서, 190여조 원의 중도금은 주택도시보증공사 등에서 보증하고 있다. 이 외에도 주택금융공사의 모기지대출, SGI서울보증보험과 주택도시보증공사의 전세금반환보증 등 가계대출의 상당 부분을 금융 공기업이 직접 대출하거나 보증하고 있다. 이미 전세금반환보증 사고가 빠르게 늘어나고 있는데 전세금반환보증의 임대인 가입 의무화를 통해 보험료를 위험도에 맞춰 가입하도록 하면 향후 발생할 수 있는 위험도 크게 낮출 수 있다.

그러나 지금까지 역대 정부가 반복한 것처럼 당장의 성장률 제고를 위해 부채 구조조정을 미루고 부채 주도 성장 정책, 즉 버블을 버블로 막으면 2~3년 후 올지 모르는 부채 위기는 어떤 방법으로도 해결하기 어려울 것으로 보인다.

이렇게 보는 이유는 다음과 같다. 가장 먼저 매년 10% 이상의 집 값 상승으로 지금처럼 가계부채가 증가한다면 2023년 말 가계부채 규모는 GDP의 195%인 4,100조 원에 근접한다. 최근 3년간 늘어난 정부부채 증가 추세를 감안하면 2023년 GDP 대비 정부부채와 가계부채 비율은 248%까지 상승해 일본에 이어 두 번째로 높은 나라가 된다. 2023년 전후 정부 주도의 부채 구조조정을 통해 가계부채 비율을 GDP 대비 100% 이내로 낮춘다 해도 정부는 2,000조 원을 떠안아야 한다. 이때 정부부채 비율은 148%로 일본, 이탈리아, 포르투갈에 이어 가장 많은 정부부채를 갖는 위험한 나라가 될지도 모른다.

그나마 이것은 낙관적인 가정이다. 부채 규모가 그 정도로 늘어난다면 현실적으로 정부 주도의 질서 있는 구조조정은 불가능하다. 만일 정부 주도의 점진적 구조조정이 이루어지지 않고 금융위기를 겪으면서 급격한 부채 구조조정이 진행된다면 선진국 사례에서 보듯이 부채는 큰 폭으로 늘어날 것이다. 부채 구조조정에 성공한 미국의 사례를 보더라도 가계부채 감소폭은 제한적인 반면 정부부채만 폭증하는 상황이 초래할 수 있다는 뜻이다. 그때는 한국이 주요 선진국 중 정부부채와 가계부채를 가장 많이 갖고 있는 나라가 되어 있을지도 모른다. 문제는 여기서 끝나지 않는다. 소규모 개방 경제 체제인 한국에서 이 정도의 부채를 부담하기도 어렵거니와 외국인 투자자가 이것을 가만둘 리 없다.

이처럼 정부부채가 늘어나면 정부 주도 구조조정의 핵심적 역할을 할 정부 투자 금융기관이 제 역할을 하지 못하고 오히려 위기를 증폭시킬 수 있다. 예를 들면 정부 투자기관이라는 이유로 적절한 신용위험 평가 없이 과도하게 낮은 수수료로 보증하거나 대출에 나섰다가 집값 하락 과정에서 막대한 손실을 떠안아 위기를 증폭시킬 수 있다. 실제로 주택도시보증공사의 전세금반환보증 사고 금액은 1~8월까지 3,517억 원으로 전년 전체 금액인 3,253억 원보다 많다. 2016년부터 2021년 8월까지 전국 아파트 실거래 전세 가격*이 33% 상승했음에도 누계 사고 금액은 SGI서울보증보험과 주택도시보증공사를 합치면 1조 9,500억 원에 달한다. 지금까지 전세금반환보증 상품은 금융위기의 뇌관이 될 수 있는 전세시장의 역전세와 깡통전세 위험을 정부가 대신 떠안음으로써 금융위기 발생 위험을 낮춰왔다. 그러나 자본 확충, 보증 제한 강화, 보험료 정상화 없이 이대로 방치해둔 상태에서 전세 가격이 하락 전환하면 임차인의 반환보증 신청은 급증할 것이다. 이후 정부 투자기관의 손실이 불어나 결국 정부부채 급증으로 연결되어 정부부채 신뢰의 위기로 연결될 가능성을 배제할 수 없다.

신용보증기금과 기술신용보증기금을 포함해 금융 공기업 5사의 2020년 말 전체 대출 및 보증 잔액은 1,018조 원으로 GDP 대비 52%로 정부 채무를 상회한다. 이처럼 과도한 보증 대출 잔액에 비해 자본 규모는 시중은행과 비교해 턱없이 부족하다. 정부 출자 기업은 일정 수준 위험을 줄이는 효과가 있지만, 위기 시에는 과도한 채무자의 모럴헤저드 발생으로 정부 부담을 늘리는 결정적인 요인으로 작용할 수 있다. 평상시에는 유용한 도구지만 잘못 쓰면 생명에 위협이 되는 칼과 같은 존재다.

---

* 　부동산114 실거래가지수 기준.

[5-1] 가입과 함께 급증하는 HUG의 전세금 보증 사고

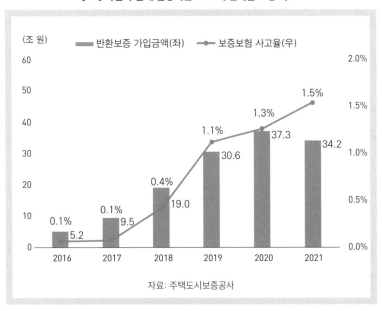

자료: 주택도시보증공사

[5-2] 정부부채를 상회하는 정부 투자기관(GSE)의 보증 잔액

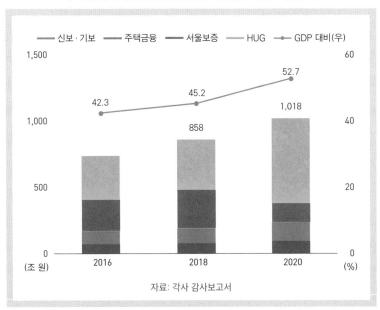

자료: 각사 감사보고서

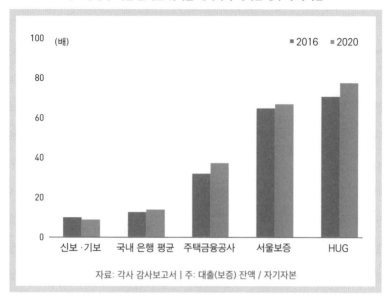

[5-3] 정부 지원 없이는 위기를 대처하기 어려운 정부 투자기관

자료: 각사 감사보고서 | 주: 대출(보증) 잔액 / 자기자본

NOTE 정부부채 규모가 작은 대신 정부 투자기관이 가계부채 등 GDP의 53%에 달하는 민간부채를 보증해주고 있다. 문제는 코로나 위기 이후 보증 잔액이 급격히 증가하면서 레버리지 배수가 늘어났다는 점과 정부가 보증해주는 전세금반환보증 사고가 늘어나고 있다는 점이다. 향후 전세 가격이 하락하면 사고가 급증할 수 있다는 점에서 주목할 대목이다.

02

주택시장 안정이 선결 조건이다!

앞서 보았듯이 부채의 절대 규모를 놓고 볼 때 부채 구조조정은 선택이 아니라 미룰 수 없는, 반드시 해야 할 과제다. 부채 구조조정의 첫 작업은 더 이상 부채를 늘리지 않고 집값이 더 오르지 않도록 시간을 버는 것이다. 그리고 집값 급락과 이에 따른 부채 부실화에 대비한 시스템을 구축해야 한다. 홍수에 대비해 둑을 쌓는 것처럼 부채 축소에 대비한 피해를 최소화하는 정책이 필요하다. 무엇보다 피해를 줄일 수 있는 정책을 통해 부채 구조조정을 체계적이고 점진적으로 진행해 경제가 감내할 수 있도록 해야 한다. 그리고 또 다른 부채 위기가 오지 않도록 경제 구조를 개혁하는 방안도 필요하다.

부채 증가 요인을 원천적으로 차단하고 주택시장을 안정화하는 가장 확실한 정책은 투기 수요와 과소비를 구별하지 않고 일률적으로 규제하는 것이다. 즉 은행이 대출 심사를 엄격히 해서 꼭 필요한 대출만 상환 능력 범위 내에서 구매할 수 있도록 하는 방안이다. 투기 수요뿐 아니라 과소비성 실수요까지 규제해야 꼭 필요한 실수요자가 원할 때 대출을 이용할 수 있다. 지금까지 대다수 경제 주체는 대출 과소비를 선진국 중산층이 누리는 혜택으로 생각했다. 그러나 미국, 유럽, 일본 가계의 실상은 우리와 매우 다르다. 그들은 꼭 필요할 때만 대출을 받아야 한다는 생각으로 30년 이상 오래된 집에서 평생을 산다. 한국처럼 30년 만에 아파트를 재건축하는 사례는 드물다.

대출의 투기 수요와 과소비를 억제하는 방법은 크게 세 가지다.

첫째, 대출 비용을 높이는 것이다. 대출금리를 올리고 보증료 등 각종 수수료를 위험도에 맞춰 정상화하는 방안이다. 여기에 원리금 분할 상환 대출과 이자 상환 대출에 차등적 금리를 부과함으로써 원리금 분할 상환을 유도하는 것이다. 이자 상환 대출에 위험 가중치를 추가로 부과함으로써 충당금과 자본을 더 쌓도록 하면 금융회사는 이에 맞춰 대출금리를 결정한다. 이런 대출 방식은 새로운 게 아니다. 빚내서 집 사기 정책, 즉 2014년 이전의 대다수 국내 은행은 신용대출 한도를 늘리는 데에 너무나 소극적이었고 높은 대출금리를 부과했다. 물론 미국 등 선진국 은행에서는 지금까지도 보편적인 대출 관행이 이어지고 있다. 실제로 미국의 홈에쿼티론Home Equity loan(주택담보한도대출)은 일반 주택 자금 대출에 비해 1~2%p 이상 금리가 높다.

둘째, DSR, 원리금 분할 상환 대출 의무화 등 규제를 강화하는 것이다. 지금까지 정부는 규제를 강화할 때 실수요자 피해를 이유로 다양한 예외를 두었는데 이 점이 부채 위험을 키우는 한편 집값 상승 요인으로 작용했다. 따라서 규제의 실효성을 높이려면 예외 없는 규제 적용이 필요하다. 실수요자의 피해 우려를 생각한다면 선진국처럼 은행 주도로 대출을 규제하는 것이 타당하다. DSR, LTV, 원리금 분할 상환 등의 규제를 강화해 은행이 투기 수요자와 과소비성 대출자를 제어하도록 하는 것이다. 은행에게 권한과 책임을 부여하면 일정 부분 시행착오는 있을 수 있지만 빠른 기간 내에 정착할 것이다. 또한 대출자의 기존 대출 유무를 은행이 확인하는 것이 아니라 대출자가 보고하도록 하고, 사후 적발 시에는 벌칙 금리를 부과하거나 최악의 경우 기한이익상실*이 되도록 하는 것도 좋은 방안이다. 보고를 의도적으로 속이고 투기 행위를 하다 적발되면 향후 신용도에 치명적인 영향을 줌으로써 적발 비용을 줄이는 것이다.

셋째, 대출 심사를 강화하는 것이다. 대다수 선진국은 주택담보대출을 받으려면 보통 1개월 이상이 소요된다. 개인이 대출을 받으려면 용도가 투기 목적의 대출인지, 꼭 필요한 대출인지를 대출자가 입증해야 한다. 세금 보고 여부와 자금 출처 등도 은행에 제출해야 한다. 실수요 여부의 입증 책임이 대출자에게 있다는 뜻이다. 실수요자는

---

*   기한이익상실이란 만기까지 대출을 이용할 수 있는 권리를 상실한다는 것. 연체가 장기화되어 기한이익을 상실하면 그 시점부터 이자뿐만 아니라 원금도 갚아야 할 의무가 생긴다.

은행 예금 고객의 돈으로 집을 살 수 있는 혜택을 얻었으니 그만큼의 비용과 불편을 감수해야 한다는 것이다. 우리에게는 낯설고 과격하게 들리지만 선진국에서는 당연한 금융 관행이다.

　대출금리 인상이 무조건 은행에게 과도한 이익을 가져다준다는 일차원적 논리에서 벗어나야 한다. 대출금리가 오르면 예금금리도 따라 오르는데, 서민들은 대출금보다 예금 비중이 훨씬 높다. 은행은 상호부조와 같은 공적 역할을 수행하는 민간 기업이다. 민간 기업이 정부 대신 공공 기능을 수행하도록 하려면 일정 수준의 이익을 보장해 주어야 한다. 대신 정부는 다양한 규제를 통해 은행이 공적 역할을 다하고 일자리를 많이 창출해 사회적 책임을 다하는지 규제하고 감시해야 한다. 적정 이익 여부는 선진국에 비해 충당금과 자기자본 대비 ROA가 적절한지를 판단하는 것이다. 단순히 순이익 규모만 놓고 비판만 해서는 안 된다. 정부와 언론, 시민단체가 은행의 순이익이 많다고 비판만 한다면 은행은 구조조정 등을 통해 향후 비용을 줄이거나, 직원의 보너스를 더 지급하거나, 아니면 우리와 상관없는 해외 투자에 자본을 대거 투자할지도 모른다.

[5-4] 한국 은행과 미국 은행의 영업수익률 차이

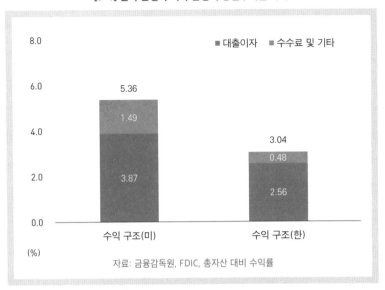

■ 대출이자　■ 수수료 및 기타

수익 구조(미): 5.36 (1.49, 3.87)
수익 구조(한): 3.04 (0.48, 2.56)

자료: 금융감독원, FDIC, 총자산 대비 수익률

[5-5] 한국 은행과 미국 은행의 비용률 차이

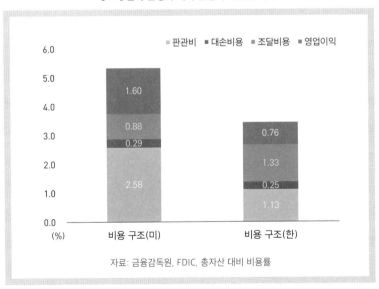

■ 판관비　■ 대손비용　■ 조달비용　■ 영업이익

비용 구조(미): (1.60, 0.88, 0.29, 2.58)
비용 구조(한): (0.76, 1.33, 0.25, 1.13)

자료: 금융감독원, FDIC, 총자산 대비 비용률

NOTE 우리는 국내 은행이 엄청난 폭리를 취한다고 생각한다. 그러나 미국 은행과 비교해보면 다른 결과를 얻을 수 있다. 미국 은행은 국내 은행 대비 2.3%나 이익률이 높다. 원인은 미국의 경우 과점화된 경쟁 환경 속에서 상대적으로 높은 대출금리에 있다. 여기에 상대적으로 높은 수수료 탓에 수수료 이익률에서도 큰 차이를 보인다. 다만 미국은 국내 은행 대비 두 배 이상의 판관비용률을 기록하고 있다. 상대적으로 까다로운 대출 심사 등으로 비용률이 높지만 1인당 인건비는 큰 차이가 없다.

03

금융 혁신
정책의
재검토가
필요한
시점이다!

2010년 미국은 2008년 금융위기 이후 도드프랭크 월가 개혁 및 소비자보호법Dodd-Frank Wall Street Reform and Consumer Protection Act을 제정하여 도입했다. 금융회사의 과잉 대출이 금융위기의 근본 원인으로 보고 과잉 대출에 따른 채무 불이행의 원천적 책임을 금융회사에 둔 것이다. 그러자 금융회사는 대출 기준을 엄격히 했고 절차를 더욱 강화했다. 이 과정에서 과잉 대출이 크게 줄어들었고 가계부채발 주택시장 버블도 막을 수 있었다. 그러나 은행 간 경쟁 완화로 금리와 수수료가 크게 상승했다. 따라서 신용도가 낮은 고위험 고객은 대출을 받기가 어려워졌다.

한편 IT의 발달과 플랫폼 산업이 활성화되면서 은행이 주도한 틈새시장에 금융과 IT를 결합한 핀테크사가 속속 등장했다. 핀테크사는 가장 먼저 지급결제시장에 뛰어들었다. 과점화되면서 지급결제 수수료가 갈수록 높아지자 페이팔 등이 시장 진입에 성공했다. 대출 분야에서는 렌딩클럽LendingClub과 같은 P2P 업체가 시장에 진입해 은행 접근이 어려운 고객 대상으로 점유율을 넓혀 갔다. 미국의 대표적 머천트 서비스 회사인 스퀘어Square는 클라우드 방식의 POS 시스템을 개발해 기존 업체의 절반 수준의 수수료로 온라인 상에서 다양한 서비스를 제공했다. 이와 같은 핀테크사의 진출은 은행의 지나친 보수화를 일깨우고, 금융 소외 계층에 서비스를 늘리는 한편 과도한 서비스 비용을 낮추는 계기가 되었다. 그러나 어디까지나 이들은 금융의 기존 질서를 바꾸는 것이 아니라 기존 질서 체계 내에서 효율화하고, 상대적으로 서비스가 제대로 이루어지지 않았던 틈새시장을 만들어내는 데 주력했다. 미국에는 아마존, 페이스북, 구글, 애플 등 많은 경쟁력 있는 플랫폼 회사가 존재한다. 그러나 그들은 한국의 네이버, 카카오처럼 금융 플랫폼을 만들어 기존 금융 질서를 플랫폼 회사 중심으로 바꾸려 하지 않는다.

이제 우리의 핀테크 산업을 보자. 현 정부는 핀테크 산업, 인터넷전문은행 육성을 미래의 성장을 이끌어낼 4차 산업혁명의 일부로 생각했다. 상대적으로 부족했던 영역인 중금리 시장이라는 틈새시장 지원을 넘어 금융 산업의 판도를 핀테크 산업, 인터넷전문은행 중심으로 바꾸려는 의도도 엿보였다. 실제로 금융위원회는 별도의 금융혁신기획단을 만들어 규제 완화를 비롯한 다양한 정책 지원을 지속했다. 그 결과 가장 확장성 있는 오픈뱅킹 시스템을 정부 주도로 구축했고, 세계에서 가장 많은 정보를 수집하고 이용할 수 있는 마이데이터 사업을 새로 허가했다. 이와 같은 금융당국의 정책 지원은 세계적으로도 유례가 없는 일이었다.

정부 의도대로 핀테크사와 플랫폼사가 대출, 보험, 자산 관리를 소비자의 성향, 자산 보유 규모, 현금 창출 능력을 파악해 AI 형태로 금융 상품을 제공한다고 가정해보자. 이들은 빅데이터와 AI를 통해 고객에 맞는 최선의 상품을 가장 저렴하게 제공할 것이다. 가장 싸고 편리한 금융 서비스를 제공함으로써 금융 산업의 판도가 금융회사에서 플랫폼사로 바뀌는 것은 시간 문제다. 카카오뱅크가 상장 후 은행으로는 세계에서 가장 높은 밸류에이션을 적용받고 있음이 이를 입증한다. 그런데 앞으로 플랫폼사와 핀테크사가 금융 산업을 주도하면 어떤 세상이 될까?

플랫폼사가 가장 편하고 빠른 방식으로 금융 서비스를 제공하면 대출시장은 더욱 진화한 '온라인 대출 자판기'가 시장을 주도할 것이다. 그런데 더 쉽게 더 많이 더 빠르게 대출이 제공된다면 과잉 금융 서비스와 가계부채 문제는 더욱 심화될 수밖에 없다. 결국 플랫폼사와 핀테크사가 주도한 인터넷전문은행의 비대면 대출의 활성화로 인한 대출 급증이 주택시장 버블을 만들었듯이, 과잉 금융 서비스는 새로운 버블을 만드는 단초가 될 것이다. 2008년 금융위기의 원인은 미국 메릴린치 증권사가 MMF라는 상품을 출시하면서 비롯되었다는 주장도 있다. 이때부터 은행은 더 이상 앉아서 영업할 수 없었고, 위험 관리를 무시한 공격적인 경영이 위기의 단초가 되었다는 것이다.

뿐만 아니다. 인터넷전문은행, 금융 플랫폼사가 시장을 주도하면 대출이 특정 계층을 중심으로 공급되는 현상은 더욱 심화될 것이다. 온라인 상품의 특성상 신용 관리의 필요성이 적은 고신용자 고객 중심으로 대출이 제공될 것이기 때문이다. 나아가 플랫폼사와 핀테크사는 수많은 인력이 제공한 서비스를 기계, 즉 AI가 대체하는 형태로 진행할 것이다. 그러면 은행 역시 경쟁에서 살아남기 위해 인력 구조조정을 추진할 가능성이 높다. 또한 이와 같은 경쟁 심화는 변화에 적응하지 못한 금융회사를 도태시킬 수 있다.

즉 금융 상품의 특성상 가격(금리)은 최우선 경쟁력이다. 따라서 이와 같은 시스템이 정착되면 금융 산업은 소수의 플랫폼사가 독점적으로 지배할 것이고 은행, 보험사, 증권사는 상품 제조업체로 전락할 것이다. 그런데 이런 정책적 수혜는 정작 정부가 지원하고 육성하고자 했던 핀테크사보다 독점적 기업이라 할 수 있는 일부 플랫폼사가 독차지할 수밖에 없다. 이들은 플랫폼의 차별적 경쟁력을 기반으로 독점 고객과 온라인 판매망 등을 통한 우월적인 고객 데이터를 갖고 있기 때문이다. 소수 플랫폼사 중심으로 금융 산업이 과점화된다면 금융의 불안정성은 더욱 커질 것이다.

결국 금융 혁신은 선진국에서 추진한 규제 강화를 통한 금융 안정 제고 정책과 배치된다. 미국 등 선진국의 의도는 지나치게 보수화되어 있는 금융 소외를 보완하기 위한 핀테크 산업의 육성이지, 한국처럼 금융 서비스 시장을 아마존이나 구글 같은 플랫폼사에 맡기려는 것이 아니다.

인터넷전문은행 설립 허용의 근본 취지는 창업을 통해 고용을 늘리고, 미국처럼 상대적으로 취약한 중금리 시장의 활성화를 유도하는 데에 있다. 정부는 이들의 성공적인 정착과 부여된 정책 목표 달성을 위해 전폭적인 지원을 아끼지 않았다. 출범한 지 3년이 지나 기존 은행을 뛰어넘는 대형 사업자로 부상했지만 정작 허용 취지와는 거리가 멀었다. 정책당국 입장에서 볼 때 가장 큰 손실은 은행에게 공적 기능을 수행하도록 더 이상 요구하기가 어려워졌다는 점이다. 결국 대형 시중은행도 공공성보다는 수익성과 효율성 개선에 주력했다. 그 결과 은행은 대규모 인력 구조조정과 외형 성장을 통해 역대 최대의 이익을 계속 달성하고 있다. 그 대신 은행이 부담해야 할 책임과 위험은 정부와 시민이 떠안게 되었다.

[5-6] 시중은행과 인터넷전문은행의 대출금 등급 구성 차이

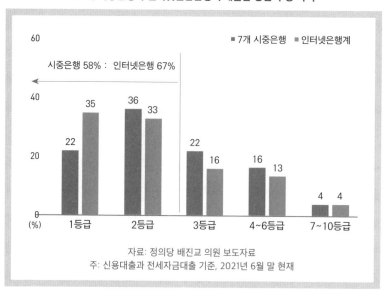

자료: 정의당 배진교 의원 보도자료
주: 신용대출과 전세자금대출 기준, 2021년 6월 말 현재

[5-7] 금융 혁신은 기존 금융회사 인력 구조조정의 단초

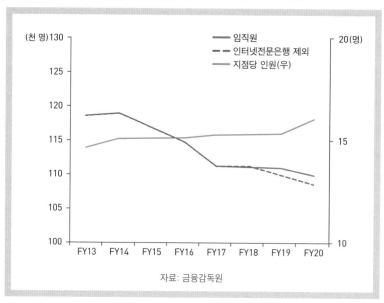

자료: 금융감독원

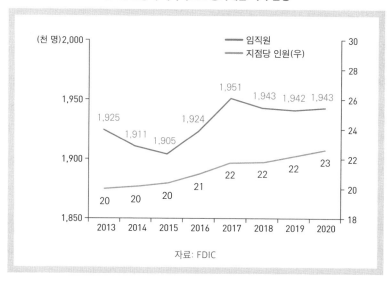

[5-8] 고용이 지속적으로 증가해온 미국 은행

자료: FDIC

NOTE   인터넷전문은행은 사업모델의 특성상 신용위험 평가가 쉬운 초우

량 고객을 대상으로 하고 있다. 이는 [5-6] 차트인 등급별 구성을

데이터로 확인할 수 있다. 인터넷전문은행, 핀테크사의 진출이 가

속화되면 기존 은행의 인력 구조조정은 빨라질 수밖에 없다. [5-7]

은 이를 설명하는 차트이다. 인터넷전문은행이 진입하면서 인력이

크게 줄어드는 것을 확인할 수 있다. [5-8]은 미국 은행의 인력 추

이를 확인할 수 있는 차트이다. 시장의 예상과 달리 미국 은행은 은

행 수 감소에도 불구하고 일정 수준을 유지하고 있다.

04

부동산
투기를
막는 방법도
있다!

지금까지 금융의 관점에서 투기 수요와 과소비를 억제할 수 있는 방법을 언급했다. 아마도 2018년 말 도입한 DSR 규제를 예외 없이 확대 적용했다면 최소한 2019년 하반기 이후 진행된 주택시장 버블은 사전에 차단할 수 있었다. 그러나 이제는 다르다. 다주택자는 이미 보유 주택의 매각 등을 통해 막대한 현금을 확보해 놓았다. 상당수 자산가는 자녀 등 타인 명의로 제도권 금융권을 이용하지 않고도 주택 쇼핑을 멈추지 않고 있다. 투기적 목적이나 과소비성 대출을 규제하더라도 투기 수요와 과소비가 사라지기 어렵다는 뜻이다. 규제가 심하고 가장 비싼 강남 아파트의 절반을 2030세대가 사고 있는 것을 보더라도 쉽게 이해할 수 있다. 부모가 자녀 명의로 합법과 편법을 이용해 증여하거나 매수하는 것을 정부가 규제하는 데도 한계가 있다. 결론적으로 자산 관점에서 별도의 규제가 필요하다.

현 단계에서 주택 투기를 줄이는 가장 효과적인 방법은 주택담보대출 등 금융권 대출을 이용하지 않은, 즉 전세 낀 갭투자로 주택을 구매하는 것을 규제하는 것이다. 서울의 경우 거주 목적으로 신고한 것까지 더하면 갭투자 비율은 전체 거래의 2/3를 넘는다. 갭투자를 차단만 해도 주택시장을 효과적으로 안정시킬 수 있다.

또한 토지 거래 허가제를 모든 주택에 한시적으로 도입하는 것도 효과적일 수 있다. 다만 매수자와 매도자 간의 사적 거래이다 보니 정부가 개입해 규제하기에는 한계가 있다.

금융을 활용하는 것도 한 가지 대안이 될 수 있다. 신규로 매수하는 임대인부터 전세금반환보증을 의무화하는 것이다. 보증보험사는 임대인의 신용도를 평가한 다음 임대보증금을 감안한 DSR로 보험료를 산출하는 것이다. 만일 DSR이 과도하게 높으면 보증보험료를 올리고, 경우에 따라서는 갭투자자의 인수를 거절함으로써 사실상 갭투자를 못하도록 할 수 있다. 물론 보험사가 보유한 고객 부채 정보를 금융당국과 금융회사가 공유해 기존의 대출금리를 올리거나 한도 및 회수 여부를 결정하도록 할 수 있다. 아울러 정부 투자기관으로 제한되어 있는 보증보험 시장을 민영 보험사로 확대하면 과도하게 늘어난 정부 출자 금융회사의 부담도 낮출 수 있다.

다만 이런 방안을 도입할 때는 집값의 급락 가능성을 고민하지 않을 수 없다. 투기 수요를 원천적으로 차단하는 순간 일시적 집값 급락은 피할 수 없기 때문이다. 이런 문제점은 1인 가구부터 실시하는 등 단계별로 진행한다면 어느 정도 충격을 완화할 수 있다. 세금 회피나 편법적 투기 목적으로 늘어난 1인 가구의 갭투자만 막아도 투기 수요 억제에 큰 기여를 할 것이다.

하지만 어느 정도 명분이 필요하다. 갭투자가 투기 수요의 원천이라는 것은 이미 알려져 있음에도 지금까지 개인 간 사적 거래여서 규제하지 못했다. 그러나 갭투자가 부동산시장 버블을 야기하고 전체 금융 시스템에 부정적인 영향을 미친다면 규제할 명분은 충분해 보인다. 따라서 갭투자의 위험을 파악할 수 있는 자금 조달 계획서의 자료 공개가 시급해 보인다. 이를 통해 갭투자의 위험을 알려 투자자가 스스로 위험을 관리하도록 하는 한편 규제의 타당성을 확보할 필요가 있다. 경우에 따라서는 임대인의 신용평가 점수를 임차인에게 제공하는 것도 향후 전세 가격 하락으로 인한 임차인의 피해를 줄이는 방안이 될 수 있다.

05

금융회사의
체력을
키워야
할 때다!

엎친 데 덮친 격으로 자산 가격이 하락해 위기가 찾아오면 수면 아래에 가라앉아 있던 문제들이 한꺼번에 터질 수 있다. 신용팽창으로 자산 버블이 터질 경우 금융위기로 전이될 확률이 높은 것도 같은 이유다. 주택시장이 침체에 빠지면 한계 중소 법인대출과 상가, 대지 등 비주택담보대출이 상호금융 등 제2금융권부터 부실화될 가능성이 높다. 이후 주택시장 침체가 장기화되어 부실이 전이되면 은행의 임대사업자대출, 신용대출 등으로 확산될 가능성이 높다. 이 과정에서 금융회사가 큰 손실을 입고 파산 위험에 노출되면 신용경색 문제를 일으키고, 이 문제는 경제 전반으로 위험이 확산될 수 있다.

이를 막기 위해 필요한 것이 한계 차주의 선제적 구조조정과 충당금 및 자본 확충이다. 구조조정이란 여신을 회수하는 게 아니라 한계 기업의 상환 능력에 맞게 채무 재조정을 하고 경영상의 문제점을 개선함으로써 기업을 정상화하는 것을 말한다. 예를 들면 이자보상배율 3년 연속 1배 미만 기업, 3년 연속 적자 기업 등에 해당되는 기업을 한계 기업으로 재분류해 채무를 재조정하는 방안이다. 실제로 2018년 금융당국은 IFRS9 도입을 통해 시중은행 30억 원, 지방은행 15억 원 이상 여신 제공 기업을 대상으로 구조조정을 추진한 바 있다. 그러나 2019년 이후 경기부양을 명목으로 지방은행마저 시중은행 수준으로 맞춘 바 있다.

만일 적용 대상을 30억에서 10억 이하로 낮춘다면 많은 한계 기업이 구조조정 대상에 포함될 것이다. 특히 공실률이 높아 잠재적 위험이 큰 상가나 빌딩 같은 임대사업자대출은 기준을 조정하면 본격적인 구조조정이 가능하다. 대다수 대출자가 주택을 동시에 보유한 자산가인 경우가 많아 구조조정을 추진하면 집값 안정화에도 상당 부분 기여할 것이다. 하지만 구조조정을 제대로 추진하지 못하면 가계부채와 중소기업부채가 함께 수면 위로 떠올라 금융회사의 파산 위험을 크게 높일 것이다. 코로나 위기를 핑계로 진행한 한계 기업에 대한 원리금 상환 유예 및 추가 자금 지원은 결코 기업 구조조정에 도움이 되지 않는다. 10억 이하 가계성 여신에는 원리금 분할 상환을 할 수 있도록 해서 자발적 구조조정을 유도해야 한다. 자발적 구조조정이 어려운 가계나 소상공인은 은행이 채무 재조정을 통해 이자를 감면하고, 정상적으로 갚을 수 있도록 지원해야 한다. 이제 구조조정은 더 이상 피할 수 없다.

기업 구조조정은 은행의 충당금 및 자본의 확충을 의미한다. 여신을 재분류하는 과정에서 추가 충당금이 발생하는데 전반적인 경험손실률도 동반 상승한다. 이 과정에서 자연히 대손 관련 비용과 위험 가중치가 상승하고 요구 충당금과 자기자본이 증가한다. 국내 은행과 비은행의 충당금은 선진국 은행에 비해 턱없이 부족하다. 사실상 무용지물이었던 IFRS9을 적극 활용한다면 향후 금융위기 발생 위험을 낮추고 주택시장을 안정시킬 수 있다.

가계 부문 충당금의 적립률 상향도 반드시 필요하다. JP모건체이스 등 미국 대형 은행은 코로나 위기 직후인 2020년 1분기에 충당금 적립률을 국내 은행의 3배가 넘는 2.3%, 1.5%, 1.2%까지 쌓은 바 있다. 고객의 원리금 상환 유예에 대응해 'Reserve Build'라는 항목으로 별도의 추가 충당금을 쌓은 결과다. IFRS9을 적용해 국내 은행도 원리금 분할 상환을 하지 않는 대출, DSR이 70% 넘는 고위험 대출 등에 추가 충당금을 적립한다면 향후 발생할 수 있는 위기에 어느 정도 대비할 수 있을 것이다. 정치권도 국내 은행의 이익을 사회에 환원하라고 요구하기보다는 인력 충원을 통해 보다 많은 고용을 창출하고, 위기에 대비해 미리 충당금과 자본을 확충하도록 유도해서 금융 안정성을 높이는 방향성 제시가 필요하다.

Debt
Crisis

부채 주도 경제에서 탈피하는 법

01

부채 주도
성장 정책을
포기하라!

오랫동안 대다수 선진국 정부는 소비 수요를 늘리는 것을 핵심 정책 목표로 삼고 다각도로 추진해왔다. 그래야만 기업이 매출과 고용 및 투자를 늘려 경기를 살릴 수 있기 때문이다. 앞서 설명했듯이 정치적 이유도 없지 않다. 이런 이유로 이론과 달리 상당수 선진국 중앙은행의 통화 정책은 행정부의 영향을 받는 사례가 적지 않다.

대다수 정부의 돈 풀기 정책, 즉 인플레이션 정책은 달리 설명하면 부동산 등 자산 가격 부양으로 초래되는 '부의 효과Wealth Effect'를 이용한 '부채 주도 성장 정책'이다. 가계의 자산과 소비에서 가장 많은 비중을 차지하는 주택시장을 부양하는 정책인 것이다. 이 정책은 집을 사는 사람에게 세금을 지원하는 한편 중앙은행이 기준금리를 낮춰 은행이 대출금리를 낮추고 한도를 늘리도록 유도해 개인이 집을 적극적으로 구매하게 만드는 대책이다. 이 정책의 효과가 큰 이유는 집이 개인에게 가장 중요한 소비재이자 자산으로 부채를 이용한 과소비 저항이 상대적으로 약한 반면, 신규 주택 공급 증가에 따른 경제 유발 효과는 상대적으로 크기 때문이다.

개인에게 빚은 필요하지만 과용해서는 안 되는 존재이듯이 가계부채 주도 성장 정책 역시 꼭 필요할 때 써야 하는, 함부로 쓰면 안 되는 경제 정책 수단이다. 무리한 가계부채 주도 성장을 썼을 때 엄청난 대가가 돌아온다는 것은 2008년 금융위기를 통해 대다수 국가가 깨달은 바 있다.

금융위기의 진원지인 미국이 먼저 행동에 나섰다. 도드프랭크 월가 개혁 및 소비자보호법을 제정하여 2010년 6월과 7월 상하원을 통과해 7월 22일 공식 발표했다. 핵심은 금융회사의 과잉 대출을 규제하고 소비자금융보호청*을 설립하는 것이었다. 규제 방식을 소비자 보호 여부에 대한 행위 규제로 바꾸어 과잉 대출 시에는 금융회사에 책임을 부여했다. 소비자금융보호청을 별도로 설립한 취지는 정부의 간섭 없이 독자적으로 감독하도록 한 것으로, 감독기관인 금융소비자보호청을 독립시켜 정부가 통제하지 못하도록 했다. 금융소비자보호청은 연준 산하이긴 하지만 감독, 조직, 인사 등에 있어 독립성

---

*   정확한 명칭은 CFBP, 즉 'Consumer Financial Protection Bureau'이다.

을 보장받고, 필요한 예산을 스스로 결정하며, 연준이 자금을 제공하도록 의무화했다. 아울러 예산도 의회 승인과 점검을 받지 않도록 했다. 다시 말해서 어떤 정부가 들어와도 경기부양이나 특정 산업 육성 등을 이유로 소비자금융보호청의 감독을 간섭할 수 없도록 했다. 그동안 해왔던 부동산 부양책, 즉 가계부채 주도 성장 정책 포기를 법률로 못 박은 것이다.

이 법을 시발점으로 영국 등 주요 선진국은 형태는 다르지만 금융규제를 강화하는 법안을 마련했다. 2011년 한국도 금융위원회에서 금융소비자보호법을 마련해 국회에 발의하기도 했다. 그러나 금융회사의 반발과 정부의 의지 부족으로 국회 통과가 무산되었다.

이처럼 주요 선진국이 금융소비자보호법을 도입해 강화하자 부동산시장은 크게 달라졌다. 법안 도입 이후 부동산 가격 상승률은 이전보다 확연히 줄어들었고, 가계부채 증가율도 둔화했다. 무엇보다 집값이 올라도 가계부채 증가로 이어지지 않았다. 실제로 2004년부터 2007년까지 미국과 영국의 주택 가격 상승률은 각각 10.8%, 6.8%였지만 가계부채 증가율은 9.2%, 9.5%였다. 금융소비자보호법이 정착한 2014년부터 2018년까지 4년간 연평균 주택 가격 상승률은 4.1%, 5.3%로 절반 이하로 줄었고, 가계부채 증가율도 3.6%, 2.7%로 큰 폭으로 하락했다.

주요 선진국은 2020년 코로나 위기로 대부분의 경제 활동이 중단되는, 2008년 금융위기 이후 최악의 경제위기를 맞았다. 과거에는 보지 못했던 엄청난 경제적 충격이었지만 과거처럼 금융위기로 번지지 않았다. 대다수 선진국이 위기를 극복한 결정적인 이유는 금융소비자보호법과 같은 금융 개혁법의 도입으로, 신용팽창으로 인한 부동산 버블이 더 이상 발생하지 않았기 때문이다. 아울러 금융소비자보호 명목으로 은행이 원리금 상환 유예를 적극 추진한 것도 위기를 막을 수 있었던 요인이었다. 실제로 2020년 6월 미국 최대 은행 중 하나인 JP모건체이스의 대출 원리금 상환 연기를 모기지대출 잔액의 6.9%, 오토론의 7.4%까지 진행했는데 그 결과 연체율은 각각 1.71%, 0.54%로 하락했다. 금융 소비자 입장에서도 금융소비자보호법 도입으로 더 많은 비용(금리)과 불편함을 감수해야 했지만 금융위기를 예방함으로써 경제적 피해를 크게 줄일 수 있었다.

2008년 금융위기 이후 한국은 달랐다. 대다수 선진국이 가계부채 구조조정을 선택해 금융 안정성을 강화한 반면 한국 정부는 여야 가릴 것 없이 경기부양을 위해서 부채 주도 성장 정책을 썼다. 부채 위험이 감당하기 어려울 정도로 커지자 또 다시 부동산 부양책을 통해 버블을 버블로, 빚을 빚으로 막았다. 결국 한국이 코로나 위기 이후 주요 선진국 중에서 가장 가계부채 증가율이 높을 수밖에 없었던 이유 가운데 하나는 금융소비자보호법을 2011년에 도입하지 않고 미룬 것이다.

금융소비자보호법을
적극적으로
적용하라!

현 정부는 금융소비자보호법 도입을 재추진했고, 법을 발의한 지 9년 만인 2020년 3월 국회를 통과했다. 금융소비자보호법의 주요 내용을 요약하면 다음과 같다.

먼저 일반 제품처럼 중도에 환불할 수 있도록 했고, 금융 상품 소비 과정에서 발생한 피해에 대해 손해 배상을 쉽게 할 수 있도록 했다. 여기에 소비자 피해 발생의 원천적 책임을 금융회사에 있다고 판단해 금융회사의 책임을 강화했다. 특히 금융 상품을 판매하는 대리업자까지 법 준수를 의무화했고, 위반하면 과징금과 과태료에 임원의 해임까지 가능하도록 하는 등 강력한 처벌 규정을 통해 금융 관련 법규의 상위법이 되도록 했다.

특히 주목할 점은 적합성, 적정성의 원칙에 따라 과잉 대출을 소비자에게 적합하지 않은 대출로 판단하고 소비자 피해 책임을 금융회사에 부여할 수 있도록 한 것이다. 대부업법에서도 과잉 대출 금지 조항*이 있지만 손해배상 말고는 별다른 처벌 조항**이 없다는 점에서 차이가 있다. 다시 말해서 개인신용평가 점수로 한도를 정하거나 관행상 개인사업자대출, 전세보증금 등 중요한 개인의 부채를 누락하더라도 대부업법은 면책이 될 수 있다. 그러나 금융소비자보호법은 그렇지 않다. 은행은 모든 부채를 파악해야 하고, 대출이 소비자에게 적합한지를 확인해야 할 책임이 있다. 그렇기 때문에 소비자의 채무 불이행이 발생할 경우 은행이 고객이 보유한 모든 부채를 확인하지 않고 대출을 제공했다면 그 책임은 은행에 부여될 가능성이 높다.

따라서 금융소비자보호법은 정부가 추진하려는 부채 구조조정에 효과적인 수단이 될 수 있다. 한국도 선진국처럼 정부가 일일이 개입해 대출을 줄이도록 하기보다는 은행이 투기 수요, 과소비성 실수요를 구분해 꼭 필요한 대출만 제공하도록 하는 것이다. 만일 투기나 과소비임을 알고도 은행이 대출을 제공하면 이후 부실 책임은 은행에

있다는 것이다.

그러면 은행은 과도한 레버리지를 이용해 주택에 투자한 자산가에게 임대보증금을 합쳐 DSR을 계산해 원리금 분할 상환과 부채 축소를 요구할 수 있다. 부채 과다 보유 다주택자는 대출을 줄여야 하니 어쩔 수 없이 보유 주택을 매각할 수밖에 없다.

또한 일반 무주택자가 무리하게 집을 사지 못하게 할 수도 있다. 만약 전세보증금을 낀 갭투자를 하려 한다면 주택담보대출, 신용대출 모두에 원리금 분할 상환을 요구하고, 금융권 대출을 원천적으로 차단하거나 회수하면 된다. 전세자금대출, 신용대출을 받아 나중에 투자할 경우 신고를 의무화하고, 위반할 경우 기한이익상실 조항에 삽입하는 방안이다. 이미 현대 사회에서 신용이 중요한 기반이 된 현실을 고려할 때 신고 의무 위반 조항을 개인신용평가에 반영해 신용 점수를 대폭 낮추는 것도 한 가지 대안일 수 있다. 은행 주도로 부채 구조조정을 추진하면 상황에 맞게 추진 속도를 정하기 때문에 시장에 미치는 충격도, 여러 정치적 반발도 줄어들 것으로 보인다.

현 정부 역시 2018년 9.13 대책을 필두로 부채 구조조정 정책을 추진한 바 있다. 그러나 금융소비자보호법을 뒤늦게 도입했고, 정부 주도로 구조조정을 추진한 결과 정치적 반발과 부작용에 따른 부담을 견뎌낼 수 없었다.

은행 주도 구조조정은 금융회사가 서비스 가격, 즉 금리와 수수료를 올리고 금융 상품의 접근성을 줄이는 것으로 장기적 관점에서 가계부채의 구조조정에 큰 기여를 할 것이다. 왜냐하면 금융의 접근성이 나빠지고 대출금리가 오르면 가계는 자산 투자 등 불필요한 대출을 하지 않고, 기존 대출을 줄여 감당할 범위 내에서 관리할 것이기 때문이다. 가장 효율적인 부채 구조조정과 집값 안정책은 가계 스스로 부채를 줄이고 감당할 범위 내에서만 집을 사는 것, 즉 집의 과소비를 하지 않는 것이다.

문제는 금융소비자보호법이 제대로 실행될지 여부다. 여전히 금융 서비스의 편익과 금융 혁신을 주장하는 목소리가 적지 않다. 따라서 금융 서비스의 편익이 줄어드는 것보다 금융 서비스 피해를 줄이는 것이 장기적으로 더 큰 혜택이라는 인식이 필요하다. 이를 위해서는 법의 취지, 필요성, 혜택 등을 소비자에게 계도하는 등 성공적인 안착을 위한 적극적인 노력이 필요하다. 이 법이 실효성이 있으려면 금융 당국의 적극적인 관리 감독과 함께 규제의 취지, 형평성 차원에서 법률 대상에서 제외되었던 농협과 새마을금고를 편입해야 한다. 이 법이 만병통치약이 될지, 아니면 소비자 편익을 침해하는 악법으로 자리 잡아 사실상 사문화될지 여부는 경제 주체의 금융에 대한 충분한 이해와 정부의 부채 구조조정 의지에 달려 있다.

03

한국은행의
독립성과
책임을
강화하라!

필자는 역사상 유례없는 집값 상승의 근본적 배경을 경기부양에 맞춘 정부의 정책 기조에서 찾는다. 단기간에 경기부양을 요구하는 순간 경제 관료는 가장 손쉽고 확실한 부동산 부양책과 같은 부채 주도 성장 정책을 손댈 수밖에 없다. 앞서 말했듯이 저금리 정책은 이런 경기부양 정책의 대표적인 수단이라 할 수 있다. 따라서 부동산시장을 안정화하고, 또 다른 부동산 버블을 차단하기 위한 가장 중요한 선결 요건은 한국은행 통화 정책의 독립성과 이에 따른 책임을 강화해 과도한 저금리 정책을 중단하는 것일 수 있다.

한국은행법 1장 1조[*]에 따르면 한국은행의 가장 중요한 설립 목적은 통화 가치 안정, 즉 화폐 가치를 지키는 데 있다. 화폐 가치는 상대적인 것으로 물가에 의해 결정된다고 보고 물가 안정을 중앙은행의 가장 중요한 임무로 본 것이다. 헌법 상의 국가의 주요 책무인 국민의 재산 보호와 일맥 상통한다. 즉 화폐 가치를 보호하는 것이 국민의 재산을 보호하는 것과 같다. 아울러 중앙은행이 독립적으로 정책 목표를 수행할 수 있도록 그 권한을 법률로 부여했다.[**] 정부 권력이 교체될 때마다 화폐 가치를 변동시키지 못하도록 하기 위해서다. 인플레이션이란 재화와 서비스의 가격이 오르는 것을 말하는데, 모든 국민이 동일하게 재화를 가질 수 없는데 정작 재화 가격은 서로 다르게 오르기 때문이다. 즉 물가 변동은 부유층과 빈곤층, 세대 사이의 격차를 벌려 저소득층과 청장년층의 실질소득을 감소시키는 결과를 낳는 국민 생활에 매우 중요한 변수다.

더군다나 균형 금리를 장기간 벗어난 저금리 정책은 경제 구조에 적지 않은 해악을 가져온다. 생산성이 낮은 기업의 구조조정을 미룬 결과 늘 구조적 문제로 지적되어 온 공급 과잉과 좀비 기업을 양산하기 때문이다. 즉 장기간의 저금리 정책은 경제 성장 잠재력을 떨어뜨리는 요인으로 작용할 수 있다.

한국은행이 독립적이어야 하는 이유는 또 있다. 한국은행법에 따

---

[*]   한국은행법 1장 1조에 따르면 "효율적인 통화신용정책의 수립과 집행을 통하여 물가안정을 도모함으로써 국민경제의 건전한 발전에 이바지하며 통화신용정책을 수행할 때에는 금융안정에 유의하여야 한다."

[**]   한국은행법 제3조.

르면 금융 안정의 책임도 갖고 있기 때문이다. 금융 안정이란 금융시장의 안정을 넘어 금융 시스템의 안정을 의미한다. 구조조정은 아무도 선호하지 않지만 금융 안정을 위해 꼭 필요한 정책이다. 비판을 감수하고 정책을 진행하려면 독립성은 필수다. 또한 한국은행이 외압에 흔들리지 않고 통화 정책을 수립할 수 있도록 한국은행법 제6조 1항에 의거해 한국은행에게 2019년부터 소비자물가 상승률 2%라는 구체적인 정책 목표를 부여했다. 그러나 정작 실상은 다르다. 한국의 중앙은행은 장기간 저금리 정책을 펼쳤고, 그 결과 부동산시장의 폭등과 같은 실질 물가 상승과 금융 불안정을 유발했다. 만일 한국은행이 법률에 근거해 물가와 금융 안정에 책임이 있고, 중립적이고 독립적인 권한을 갖고 있다면 집값 급등의 책임은 한국은행에 있다고 봐야 한다. 집은 경제 주체의 소비와 부에 가장 큰 비중을 차지한다. 따라서 주택 가격의 안정은 국민의 재산 보호와 직결되기도 한다.

그러나 한국은행이 주택에 대해서는 가중치를 제외한 통계청의 소비자물가를 근거로 통화 정책을 지속하고 있다. 주택 가격의 변동성이 높아서가 아니라 주택 가격을 반영했을 때 지금과 같은 저금리 정책을 전개하기 어렵기 때문으로, 이는 일종의 책임 회피성이다. 미국의 경우 물가지수에서 주거비가 차지하는 비중은 집값을 포함해 33%*에 달한다. 집값은 대신 자가주거비로 환산하여 반영하고 있다. 사실 방법은 중요하지 않다. 어차피 자가주거비를 물가지수에 반영해도 물가지수에서 반영되는 임대료가 전월세 가격을 제대로 반영하

지 않듯이, 자가주거비가 주택 가격 상승에 따른 소비자 부담을 제대로 반영하지 않을 가능성이 높기 때문이다. 중요한 것은 정치 권력의 변화와 상관없이 한국은행이 국민의 재산 보호라는 국가의 의무이자 책임을 얼마나 일관되게 다하느냐에 있다.

한국은행은 통화 정책을 결정하는 집행기관이기도 하지만 경제 전문가를 가장 많이 보유한 대표적인 연구기관이기도 하다. 그렇기 때문에 스스로 정책 목표로 삼고 있는 물가지수 자체의 근본 문제에 대한 고민과 해결 방안, 금융 안정을 위한 부채 통계에 대한 보완 및 수정이 필요해 보인다. 한국은행이 독립적이지 않은 원인을 한국은행법 98조에서 찾아야 할까? 이 법률에 따르면, 한국 중앙은행의 경우 급여성 경비 등 예산 결정권은 기획재정부가 갖고 있다. 중앙은행이 독립적이려면 먼저 예산의 독립이 우선이다.

[6-1] 전세 가격 상승률을 반영하지 못하는 주택임차료

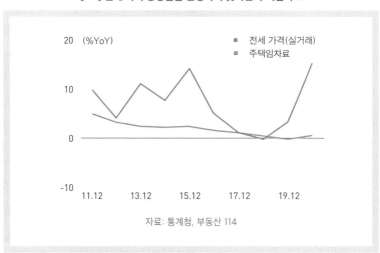

자료: 통계청, 부동산 114

[6-2] 한국과 미국 소비자물가지수의 주거비 가중치 비중

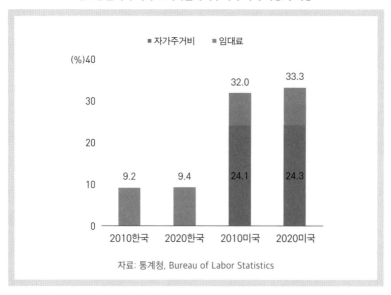

자료: 통계청, Bureau of Labor Statistics

NOTE   부채 주도 성장 정책의 핵심은 한국은행의 저금리 정책이다. 한국

은행의 통화 정책은 주택시장에 결정적인 영향을 미치는 요인이다.

그런데 통화 정책의 정책 목표는 물가 안정으로 집값 안정에 있다.

그러나 물가지수에 주택이 제외되면서 저금리 정책을 유지할 수 있

었던 것으로 보인다.

04

내 집 마련이
아니라
서민 주거
안정이다!

국토부가 제시하는 정책 목표는 '보편적 주거 복지를 통한 서민 주거 안정 실현'이다. 정부가 시장에 주도적으로 개입해 주택시장을 부양하거나 안정화해야 할 의무와 책임은 어디에도 없다. 한국은행이 있는데 개인의 부를 결정짓는 주택시장에 정부가 일일이 개입해 가격을 결정하는 것부터 정치 권력에 의존적인 국토부가 해야 할 의무인지 생각해볼 부분이다. 그럼에도 집값 문제로 사실상 현 정부에서 두 명의 경제 수장이 물러났다. 한 경제 수장은 집값을 떨어뜨려서, 국토부장관이었던 전 의원은 집값을 못 잡아서였다. 그러나 정작 임대차 3법 도입 이후 전세 가격이 급등해 서민 주거가 심각하게 훼손된 지 1년이 지나도 어떤 보완책을 내지도 책임도 지지 않는 이유는 무엇일까?

서민 주거 안정이라는 표면적인 목표와 달리 역대 정부의 정책 목표는 모든 가구의 내 집 마련을 실현하는 것이었다. 때로는 아예 드러내놓고 모든 국민을 부자로 만들겠다는 공약까지 내놓기도 한다. 그런데 모든 가구가 집을 소유하려면 최소한 주택보급률 105% 이상을 충족시킬 만한 대규모 주택 공급이 필요하다. 앞서 설명했듯이 늘어나는 가구수를 고려하면 정부의 공급 정책으로는 기존 주택보급률을 유지하기도 어려운 실정이다. 공급할 땅도 부족하지만 비싼 집을 사려면 빚으로 충당할 수밖에 없다. 내 집 마련 정책을 추진하다 금융위기를 맞은 미국의 사례가 보여주듯이 실현 불가능하며 해서는 안 되는 정책이라는 것은 쉽게 알 수 있다.

경제학적 관점에서 볼 때 당장 모든 국민을 부자로 만들려면 다른 나라에서 빼앗아오거나 빚을 낸 돈을 국민에게 주는 방법 말고는 없다. 어찌 보면 부채를 일으켜 미래 세대의 부를 훔쳐 오는 것이 부채 주도 성장 정책의 전모일지도 모른다. 서울과 수도권에 전체 인구의 절반 이상이 사는 여건에서 어떤 정부도 '내 집 마련의 꿈 실현' 같은 공약을 실현시켜줄 수 없고 해서도 안 된다.

내 집 마련을 정책 목표로 내세우는 순간 정부의 주택 목표는 달성 불가능한 숫자에 그칠 수밖에 없다. 소유하려는 순간 그 집은 주거 공간의 의미를 벗어나 투자 행위로 바뀌기 때문이다. 즉 직장과 근접한 지역이면서 주위에 공원이 있고 좋은 교육 환경을 가진 집, 한마디로 요약하면 향후 집값이 가장 많이 오를 집만 소유하려는 것이다. 그런 수요를 충족하려면 서울 도심권에 대량의 주택을 공급하거나 막대한 비용을 들여 교통과 각종 인프라를 구축한 신도시를 건설해야 한다.

  설상가상으로 정부의 공급 정책은 별다른 성과를 내놓지 못하고 있다. 거주민 상당수가 주거 안정을 위해서는 공급을 늘려야 한다고 정부에 요구하지만 각종 인센티브에도 불구하고 주거 환경 악화에 따른 가치 하락을 우려해 결사적으로 반대한다. 전 재산이 집이 되어 버린 이상 자연스러운 현상일지도 모른다. 그렇다면 정부의 이런 정책은 자본주의 사회에서 사유재산을 침해하지 못한다는 전제를 둘 때 공급 측면에서 원하는 성과를 내기가 불가능에 가깝다.

  그렇다면 이것이 우리만의 문제일까? 직장과 가까운 좋은 집에 살고 싶은 욕구는 한국만이 아닌 대다수 선진국의 문제이기도 하다. 상대적으로 친숙한 미국의 사례를 보자. LA, 샌프란시스코, 뉴욕 등 과밀 도심지의 경우는 다운타운 개발을 철저히 규제한다. 설사 개발을 진행해도 고밀도 개발만을 허용한다. LA 한인타운을 가보면 아직도 1970년대 건물이 수두룩하다는 것을 실감할 수 있다. 이처럼 도심지 주거 공간은 2030세대 직장인이나 3D 업종에 종사하는 도심 빈민을 위한 지역으로 형성된다. 일본의 도쿄 역시 크게 다르지 않다. 도심의 주거지 개발을 제한함으로써 중산층 이상의 가계는 도심지보다 교외 지역에 거주하며 통근하도록 했다. 학교, 공원, 문화시설 등 필요한 인프라는 교외에 제공하는 방식이다. 최근 도심권 재개발로 주택 공급이 늘어나고 있지만 새로 공급하는 아파트는 50층 이상의 초고층 밀집형 아파트가 일반적이다. 도심권은 주거 목적에 맞춰져 있을 뿐 교외와 같은 쾌적함과 교육 환경 등을 제공하지 않는다. 예외적으로 주거 환경이 좋은 도심의 고급 아파트는 초고층 형태로 밀집되어 있는데 재산세에 멜로루즈 세금Mello-Roos Tax,* 관리비, 보험료 등 일반인이 부담하기 어려운 수준의 막대한 비용을 부담해야 한다. 질로우Zillow에 고시된 뉴욕 맨해튼 277 Fifth Avenue에 있는 2019년 완공된 55층짜리 콘도**를 예로 들어보자. 이전 거래 금액은 480만 달러(55억 원)로 3.3제곱미터당 1억 2천만 원 정도다. 이 집에 거주하는 데 드는 비용은 월 860만 원으로 집값의 2%에 해당한다.

반면 한국은 다르다. 서울 도심 한가운데에는 35층 이내의 쾌적한 환경의 대단지 고급 아파트와 공원, 문화시설, 병원, 박물관과 같은 대부분의 사회 인프라가 있고, 여기에 국내 최고의 교통 환경을 제공한다. 세금과 관리비를 포함해도 다주택자만 아니라면 집값의 1%를 넘지 않는다. 또한 오래 거주하면 여러 이유로 세금도 깎아준다. 은퇴하고 자녀를 분가시킨 60대 부부가 집 말고는 별다른 재산과 소득이 없어도 강남에 있는 30억 이상 아파트에서 거주하는 게 자연스럽다. 미국과 비교하면 매우 이례적이다.

강남 거주자의 가계 소득이 맨해튼 가계 소득의 절반에도 못 미

---

* 새롭게 개발된 지역에 학교, 소방서, 경찰서 등 공공시설을 설치하는 데 들어간 비용을 30년 간 거주자에게 부과하는 캘리포니아 주의 특별세.

* Francisco St #4106, Los Angeles, CA 90017에 소재. 2017년 건축된 유명 아파트의 경우 198만 달러(3.3제곱미터당 5천 9백만 원)에 거래되었으며 연간 보유 비용은 2%에 달한다.

침에도 강남 아파트가 맨해튼 고급 아파트 수준까지 오를 수 있었던 이유는 강남 아파트의 보유 비용이 절반 이하에 불과하기 때문이다.

정부의 공식 정책 목표를 '내 집 마련'에서 '서민 주거 안정'으로 바꾼다면 정책 목표는 크게 달라진다. 로또와 같이 선택된 특정 계층만을 대상으로 내 집 마련을 지원하는 게 아니라, 모두가 집을 사지 않아도 일정 수준의 질을 갖춘 주택에 거주할 수 있도록 해야 한다. 집을 사지 않아도 얼마든지 자녀를 키우고 직장을 다닐 수 있는 거주 환경을 마련하는 것이 정부의 역할이다. 정책의 관점을 바꿔 다음과 같은 정책 기조를 포기한다면 도심권 주택 공급 문제는 해답을 찾을 수 있다.

첫째, 모든 주거 환경이 완비된 중대형 평형의 투자 가치가 높은 주택 공급 방식에서 직장과 가깝고 육아 시설이 충족된 2030세대 직장인이 거주하기 좋은 저렴한 소형 주택 중심의 주택보급률 제고를 최우선 정책 목표로 제시해야 한다. 서울은 좋은 일자리와 공공시설뿐 아니라 박물관, 미술관, 공원 등 다양한 문화시설과 병원, 대학교, 교통 인프라가 갖춰져 있는 곳으로 더 많은 사람이 이용할 수 있도록 해야 한다. 이를 서울 시민만의 것이라 할 수 없다.

둘째, 로또 방식의 시세 대비 저렴한 가격의 주택 공급 정책을 포기해야 한다. 서민에게는 직접적인 주거 공급보다 바우처 방식으로 지원금을 지원하는 것이 주택 공급에 훨씬 효율적이다. 강남 아파트 거주자의 절반 이상이 임차인이라고 해도 정작 근처에 공공임대주택을 공급한다고 하면 극렬히 반대할 것이다. 시세대로 주택 공급을 늘리면 자연히 전월세 가격과 주택 가격이 떨어지게 마련이다. 서민이 요구하는 것은 대출 자금의 지원이 아니라 굳이 집을 사지 않아도 안정적으로 살 수 있는 환경과 직장과 가깝고 육아가 가능한 주택이다.

예를 들면 서울에 있는 많은 정부기관과 공공기관, 박물관, 예술관, 스포츠센터, 대학 등 가능한 많은 시설을 정부가 매입해 교외나 지방으로 이전하고 그 부지에 주택을 공급하는 방안이다. 용산 미군 기지, 샛강 공원 등 공원의 일부 대지와 도로를 지하화하는 방안도 포함할 수 있다. 그곳에 3인 가구 이하 대상의 초고층 밀집형 주거 공간을 제공하면 신도시 2~3개 물량을 공급할 수 있다. 만일 시세대로 공급해 일정 수준의 이익을 남길 수 있다면 이를 재원으로 자금을 조달해 더 많은 주택 공급을 실현할 수 있다. 임대 수익을 기반으로 MBS를 발행하거나 경우에 따라서는 리츠 발행도 가능하다. 저렴한 임대주택 공급을 포기하는 순간 공급 규모를 당초 목표치 대비 두세 배 이상 늘릴 수 있다.

사실 이와 같은 아이디어는 전혀 새로운 것이 아니다. 2020년 8.2 대책을 통해 정부 역시 태릉 골프장, 서울의료원 등 도심지에 있는 정부 소유 토지와 건물을 이용해 주택을 공급하겠다고 발표했다. 그러나 지역주민, 환경단체, 언론 등 상당수 이해관계자의 반대에 부딪쳐 정부가 동력을 상실함에 따라 발표한 지 1년이 넘었지만 별다른 성과를 내지 못하고 있다. 결국 이해관계자의 압력에 굴복해 아무것도 못한 것이다.

이를 해결하기 위해서는 정부 주도가 아닌 민관 협력 형태로, 획일적 시행이 아닌 다양한 형태의 사업을 진행해야 한다. 민간 사업자 역시 시세대로 공급해 일정 수준의 수익이 보장된다는 확신만 들면 뛰어들지 않을 이유가 없다. 도심지의 노후 건물을 민간 사업자가 오피스텔과 같은 주거 공간으로 증축한다고 해서 이를 반대하는 지역주민은 많지 않을 것이다. 그러나 LH 공사 등 정부가 추진한다면 지역주민이나 이해관계자로부터 많은 반발을 살 것이다. 더욱이 전문 민간 건설사라면 문제 해결 능력도 탁월하다.

무엇보다 중요한 것은 민간 사업자가 시장의 수요를 가장 잘 이해하고 있다는 점이다. 따라서 시장 환경 변화에 대응할 수 있는 다양한 주택을 공급할 수 있다는 장점을 갖고 있다. 급증하는 비혼 가구에 맞는 주택을 늘리거나 자동차 공유 모빌리티 환경 등 임대 수익 극대화를 위한 다양한 아이디어를 민간 건설사는 제공할 수 있다. 공공기관은 실패에 대한 책임 탓에 혁신적인 것을 도입조차 하기 어렵지만 민간 기업은 이를 적극 도입해 실현 가능하도록 한다. 정부는 토지와 사업 지분을 일정 부분 소유해 임대료 수준과 인상률, 장기 보유 조건 등을 적절히 통제하고, 그 내용을 투명하게 공개하면 충분히 정책 목표를 달성할 수 있다. 공공과 민간의 경쟁 체제가 적절히 조합되어야 공공 기업도 경쟁력과 효율성을 갖고 소비자가 원하는 주택을 공급할 수 있다.

이런 방식은 기존 방식인 신도시 개발을 통한 주택 공급보다 여러 측면에서 훨씬 효율적이다. 신도시 개발에 필요한 인프라 구축 비용, 출퇴근에 소요되는 시간 비용 등과 비교할 때 단위당 적은 비용으로 주택을 공급할 수 있기 때문이다. 게다가 정부가 추진하려는 도심 재건축, 재개발 사업의 속도를 낼 수 있다. 재건축, 재개발 소유자나 조합 입장에서는 머뭇거리다 사업성이 떨어져 자체적으로 진행하기 어려워질 수도 있고, 정부가 공급 물량을 충분히 늘리면 소유자에게 제공한 혜택을 줄이거나 없앨 가능성이 높기 때문이다.

정부는 '수도권 주택보급률 105% 이상'과 같이 목표를 명확히 하고 이에 맞는 전략을 수립해야 한다. 전략을 수립한다는 것은 해야 할 우선순위를 정하고 하지 말아야 할 것, 즉 희생해야 할 것을 선택하는 것과 같다. 어떤 정책도 모두에게 혜택이 돌아가고 피해를 보지 않는 경우가 없기 때문이다. 목표한 대로 사업을 진행하기 위해서는 시장을 이해하고 적극 활용하여 정책을 추진해야 한다. 그래야 원하는 목표를 이룰 수 있다.

선배인
미국에서
찾아라!

미국 등 대다수 선진국이 부채 주도 성장 정책을 취할 수밖에 없었던 근본적인 원인은 무엇일까? 무엇보다 주요 제조업체의 경쟁력 약화에 따른 공동화 현상에서 찾을 수 있을 것이다. 중국, 인도 등 개도국이 경쟁력을 확보하면서 많은 제조업체가 구조조정되거나 해외로 공장을 이전했다. 실제로 2000년부터 2009년까지 미국은 580만 개의 일자리가 사라지면서 전체 고용에서 차지하는 비중이 11%로 감소했다. 미국은 의료, 교육, 부동산, 음식, 숙박, 금융 서비스로 줄어든 일자리를 메웠다. 뿐만 아니라 유럽 대다수 국가 역시 비슷했다. 5개 선진국의 같은 기간 일자리를 분석해보면 제조업에서 400만 개의 일자리가 줄어든 반면 의료, 부동산, 교육, 음식, 숙박 등에서 일자리가 늘어나 이를 대체했다. 내수 서비스업에서 일자리를 창출하려면 내수 소비가 뒷받침되어야 한다. 소득이 늘어나지 않은 상태에서 소비를 늘리려면 가계부채나 정부부채로 소비를 부양할 수밖에 없다. 2008년 금융위기가 발생하기 전 대다수 선진국이 부채 주도 성장 정책을 전개한 이유다.

한편 미국, 영국 등 금융위기를 경험한 대다수 선진국은 부채 주도 성장 정책의 수정이 불가피했다. 이런 대안으로 제시된 것이 임금 성장 주도, 즉 소득 주도 성장 정책이다. 실제로 미국의 캘리포니아 주 정부는 2015년 시간당 9달러에서 2018년 11달러(26명 이하 10.5달러)로 임금을 인상했다. 더욱이 2022년부터는 15달러(26명 이하 14달러)로 인상한다. 임금 인상을 통해 재화와 서비스 가격 인상을 유도하여 전체 소비 증가를 도모하는 정책이라 할 수 있다. 이 정책이 꼭 좋은 면만 있는 것은 아니다. 임금을 인상하면 기업은 자동화 등을 통해 고용을 줄일 것이기 때문에 경쟁력이 취약한 개인은 직장을 잃을 수밖에 없다. 따라서 정부는 재정을 통해 실업 수당을 지원하고 일자리 창출을 해야 한다. 이런 이유로 가계부채 증가율은 둔화하는 대신 정부부채가 크게 늘어나는 것이다. 실제로 2015년부터 2019년까지 미국의 정부부채는 22.6% 증가했고 GDP 대비 정부부채 비율은 4.3%p 상승했다. 어찌 보면 부채 주도 성장 정책을 포기하면 소득 주도 성장 정책으로 인한 정부부채 증가를 피하기 어려운 수순이다. 다시 말해서 소득 주도 성장 정책은 정부부채 주도 성장 정책과 크게 다르지 않다.

미국 역시 최저임금 인상 논란이 많았다. 최저임금 인상 이후 도소매, 서비스 업체들은 일제히 가격을 인상해 이를 보전했다. 식음료와 기타 서비스 가격이 오르니 자연스럽게 여타 제품까지 물가 상승이 이어졌다. 중요한 것은 가격을 인상함에 따라 업체의 이익이 늘어났고, 고용을 더 늘릴 수 있었다. 적정 수준의 인플레이션이 고용 증가라는 긍정적인 효과로 연결된 것이다. 그렇다고 모든 업체가 혜택을 본 것은 아니다. 경쟁력 있는 업체는 더욱 가격을 올렸지만 소규모 자영업자는 가격 인상을 제대로 하지 못해 영업 규모를 줄이거나 폐업이 늘어났다. 한계 자영업자가 구조조정됨에 따라 중견 기업은 이익이 더 늘어나 고용을 늘릴 수 있었고, 세금도 더 많이 낼 수 있었다. 구조조정이 반드시 나쁜 것만은 아니라는 뜻이다.

미국 정부의 임금 주도 성장 정책으로 2016년부터 2019년까지 4년 평균 CPI 상승률은 2.1%로 이전 4년 평균 대비 1%p나 증가했다. 2016년 1.7%에 그쳤던 실질GDP 성장률 역시 2018년에는 3.0%까지 상승했다. 2018년 실업률은 3.8%로 하락해 5년 만에 절반으로 줄어들었다.

한국 정부도 가계부채 주도 성장 정책을 포기하고 여타 선진국과 마찬가지로 소득 주도 성장 정책을 경기부양의 주요 수단으로 채택했다. 구체적으로 최저임금을 인상하고, 52시간 근무제를 도입하는 한편 고용보험과 대체 휴일을 확대하는 등 고용인의 권리를 강화했다. 시기적으로나 내용상으로나 선진국이 추진하는 정책과 크게 다르지 않다. 그러나 정책의 집행 과정에서 커다란 문제점이 노출되었다.

현 정부는 소득 주도 성장을 핵심 정책으로 공표했지만 소비자 중심의 사고와 인플레이션이 사회 악이라는 과거의 고정관념을 버리지 못했다. 소득 주도 성장이 인플레이션을 유도하는 정책임에도 플랫폼 산업, 온라인 유통업체를 육성하는 등 경쟁을 통한 가격 인하를 유도했다. 진입 규제를 강화해 기업이 비용 상승을 가격으로 전가할 수 있도록 해야 했는데, 반대로 가격 인상을 규제하거나 가격 인하를 유도했다. 소득 주도 성장 정책을 추진했던 경제팀은 가장 중요한 경제 순환 논리를 이해하지 못한 것이다.

또한 기업에게 가격 인상 없이 52시간 근무제, 고용보험 확대 등 비용 인상만을 요구했다. 결국 기업은 공채 중단 등 신규 고용 축소로 대응했다. 자영업자의 피해를 줄이기 위해 카드 수수료 인하 등 금융권을 압박했지만 모집인과 대리점 직원 감원 등 인력 감소로 연결되었다. 결국 피해는 또 다시 고용인, 특히 신규 진입하고자 했던 2030세대에게 돌아갔다. 소득 주도 성장 정책은 결과적으로 철저히 실패했고, 그 결과 2019년 또 다시 부채 주도 성장 정책을 꺼내든 원인을 제공했다.

선진국 서비스업의 가장 큰 특징은 가격, 즉 수수료가 비싸고 서비스 질이 나쁘고 느리다는 데 있다. 이는 소비자 효용 확대 중심의 경제 정책을 고용 확대 중심, 소득 주도 성장 정책으로 바꾼 결과다. 이런 사회가 우리 미래의 정답인지는 모르겠다. 하지만 정부가 중점적으로 육성하고 있는 AI, 빅데이터를 활용한 4차 산업 육성이 결국 일자리를 줄일 것이라는 점은 분명하다.

한국은 주요 선진국 중 자영업과 부동산업의 고용 비중이 많은 나라다. 부채 주도 성장 정책의 중단으로 인한 고용 감소를 정부가 산업구조 재편을 통해 해소하지 않으면 정책 전환은 성공할 수 없음을 과거 실패 사례를 통해 보았다.

고용 감소를 완화하기 위해서는 한계 기업의 구조조정 등 경쟁을 완화해 가격 인상으로 수익성을 보전할 수 있어야 한다. 그래야 더 많은 인력을 고용하도록 요구할 수 있다. 플랫폼 사업을 지원하고 자영업의 창업을 지원하기보다는 프랜차이즈 업체 등 신규 창업에 규제를 강화하는 것이 더 낫다. 대신에 자영업도 일정 수준 대형화하도록 유도하는 한편 인력을 충분히 고용하고, 노동법을 준수하고, 소득세를 적합하게 지급하는지 감시하고 규제해야 한다. 코로나 위기로 어려움을 겪고 있는 자영업에 줄 수 있는 혜택은 손실 보상금보다 한시적 창업과 온라인 플랫폼 유통회사 등을 제한하는 것이 더 효과적일 수 있다.

52시간 근무제 도입 등 기업이 고용을 늘리도록 하는 법안 역시 해고의 유연성을 강화하는 법안과 함께 진행되었다면 더욱 효과적이었을 것이다. 균형을 이루고 있는 고용 시장에 정부가 개입한다면 균형을 맞출 수 있도록 보완하는 정책이 반드시 필요하다. 이미 대다수 대기업이 신규 공채를 줄이거나 없애고 있다. 52시간 근무제 등으로 비용 구조가 악화되면서 인력에 대한 투자를 회피한다면 결국 제도의 변화는 특정 계층에게만 혜택이 갈 수밖에 없다.

[6-3] 영세한 소상공인 구조, 서비스업 경쟁력 약화 요인

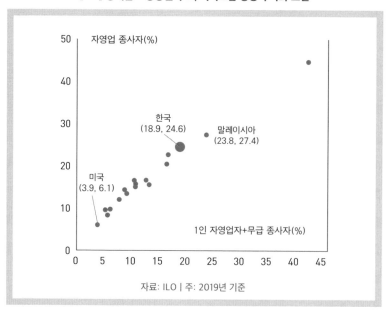

자료: ILO | 주: 2019년 기준

[6-4] 소득 주도 성장 정책의 원조는 미국

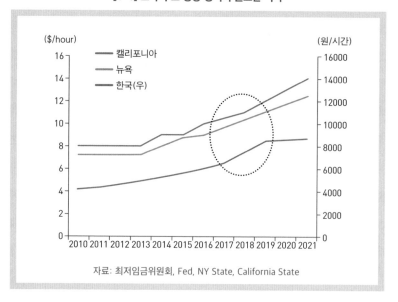

자료: 최저임금위원회, Fed, NY State, California State

[6-5] 소득 주도 성장 정책을 통해 정책 목표를 달성한 미국

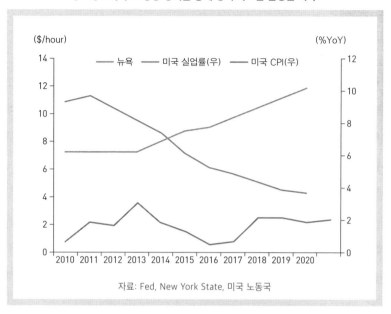

자료: Fed, New York State, 미국 노동국

[6-6] 낮은 진입 규제로 높은 폐업률을 기록하는 자영업자

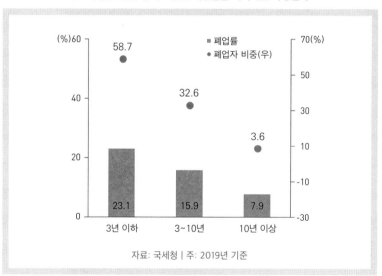

자료: 국세청 | 주: 2019년 기준

NOTE   미국을 비롯한 대다수 선진국에서 고용의 대부분을 차지하는 산업

은 음식과 도소매업 등의 서비스업이다. 한국과 차이가 있다면 정

부의 산업 보호로 1인 자영업 비중이 매우 낮다는 점이다. 한국의 1

인 자영업 비중은 주요 선진국 가운데 가장 높다. 이런 이유로 3년

이하 폐업률이 전체의 58.7%로 매우 높다. [6-4,5]는 미국의 소득

주도 성장 정책을 설명한 차트이다. 최저임금 인상 등 꾸준히 임금

인상을 추진한 결과 물가가 안정적으로 상승한 것을 알 수 있다.

이미 강남 아파트 가격이 미국 맨해튼의 평당 가격을 넘어선 지 오래다. 자산은 버블 국면에 진입하면 그 자체의 관성으로 계속 오르는 경향이 있다. 언젠가 터질 것을 알지만 적어도 내 앞은 아닐 것이라는 낙관론, 정부가 무언가 할 것이라는 학습 효과가 지금과 같은 2030세대의 비이성적인 추격 매수까지 양산하고 있다. 그러나 미국 FRB의 기준금리가 본격화되고, 임대차 3법의 효력이 어느 정도 둔화되는 2023년 전후를 정점으로 하락 반전할 것으로 예상한다. 정부가 뒤늦게 대출 규제를 강화하고, 기준금리를 인상하는 등 좀 더 강화된 부동산시장 안정책을 내놓지만 선거를 앞두고 상승 추세를 꺾을 정도로 적극적인 정책을 취하기는 어려울 것이기 때문이다.

세상에 영원한 것은 없다. 자산이 비이성적으로 오른 후 비이성적 매수자가 더 이상 매수하지 못할 때 가격은 폭락하고 만다. 이제 관심은 언제 하락 전환할 것인지, 주택 가격이 경제에 어떤 영향을 미칠지에 맞춰야 할 것이다.

이런 이유로 첫째, 가계의 위험 수준을 평가했다. 가계부채 규모는 세계 최고 수준으로 증가했고, 원금을 안 갚는 단기 부채로 부채의 질적 위험 또한 2008년 글로벌 금융위기를 초래했던 시기와 비교해도 결코 위험이 작지 않다. 반면 부채의 규모와 위험 수준 실태 파악조차 어려워 위험을 키우고 있다. 부채 위기의 뇌관이 될지도 모를 갭투자, 비은행의 상가와 대지 등 비주택 부동산 투자, 중소 법인의 부동산 투자 등에 대한 정보는 초보적 수준에 그치고 있다.

둘째, 주택시장이 하락할 경우 한국 경제에서 발생할 수 있는 위험의 감내 능력을 평가했다. 부동산시장은 후진적 구조로 가격 하락 시에 거래량이 급감하면 시장 기능을 잃어버리기 때문에 경매시장 의존도가 높다. 건설 분야 역시 미분양 급증에 따른 부실 사업장 증가가 불가피하다. 지방은 공급 물량 과다와 취약한 매수 여력으로 훨씬 더 문제가 커진다. 이로 인해 부동산 PF 대출, 은행의 신용대출, 중소 법인대출, 임대사업자대출 등에서 무수익여신이 크게 늘어난다. 여기에 대지, 상가 등 비은행을 중심으로 한 비주택담보대출은 고유의 특성상 부실화 위험이 더 크다. 주택시장의 뇌관이 갭투자라면 비은행 비주택담보대출이 금융권 부실의 뇌관 역할을 할 수도 있다. 아울러 내수 경제의 지나친 부동산 의존도로 고용 감소, 소비 부진 등을 심각하게 겪을 수밖에 없다. 한마디로 갑자기 주택 가격 하락으로 인한 부채 위기가 찾아온다면 한국 경제의 자체 능력으로는 감당하기 어렵다는 뜻이다.

하지만 1~2년 뒤에 주택 가격이 정점을 기록한다는 것은 아직 우리에게 문제를 해결할 시간이 있다는 것을 뜻한다. 효율적인 구조조정을 추진한다면 선제적으로 가계부채를 줄여 주택시장을 연착륙시킬 수도 있다. 그러려면 위기에 대비해 금융회사의 충당금 및 자본 확충을 통해 금융권의 위기 대응 능력을 높여야 하며, 나아가 수출과 부동산 의존형 경제 체제를 고용과 서비스업 의존형 경제 체제로 전환해야 한다. 가계부채를 추가적 비용 없이 100% 이하로 낮추더라도 한국은 세계 상위권 정부부채 과다 국가가 될 수밖에 없다. 즉 부채 구조조정의 성공 확률이 매우 낮아졌음을 뜻한다. 보다 탁월한 국내외 전문가의 확보와 함께 여야 간 정쟁에서 벗어난 합리적인 부채 구조조정 방안 마련이 필요하다. 구조조정에 따른 고통과 비용 감수가 불가피하므로 국민 설득은 반드시 해야 할 선결 과제다. 2018년 9.13 대책은 사실상 실패한 부채 구조조정이자 경제 개혁 정책이었다. 실패의 원인을 정책 집행자의 전문성 결여로 볼 수도 있겠지만 근본적으로는 고통과 인내가 필요한 정책에 대한 국민의 설득이 절대적으로 부족했다고 볼 수 있다.

마지막으로 부동산 투자자, 이 가운데에서도 무주택자에게 조언한다면, 주택 매수 시기를 2022년 이후로 늦출 것을 권한다. 가능하다면 임대차 3법을 적극 활용하고 불필요한 부채를 줄여 주택 매수 자금을 모아둘 필요가 있다. 만일 정부 정책으로 집값이 하락한다면 이는 대다수 무주택자가 사고 싶어도 현금이 없어 집을 못 산다는 것과 같다. 반대로 설명하면 충분한 현금을 확보한 무주택자는 원하는 주택을 저렴한 가격에 살 수 있을 것이다. 특히 경매시장을 주시해 보기를 권한다.

주식시장 투자자에게도 과거의 고위험 투자에서 가치주 중심으로 투자 비중을 변경할 것을 권한다. 시간 문제일 뿐 대출 규제는 강화될 것이며, 이로 인해 시장을 주도한 2030세대의 영향력 약화가 불가피해 보이기 때문이다. 아울러 위기에 지나치게 배팅하는 등 한쪽에 치우치기보다 정부 정책과 향후 시장 변화를 면밀히 분석해 대응하기를 권한다. 시장의 변동성은 현명한 투자자에게 좋은 투자 기회가 될 것이다.

2022
피할 수 없는
부채
위기

1판 1쇄 발행 | 2021년 11월 1일

지은이 | 서영수
펴낸이 | 이동희
펴낸곳 | ㈜에이지이십일

출판등록 | 제2010-000249호(2004. 1. 20)
주소 | 서울시 마포구 성미산로 1길 5 202호 (03971)
이메일 | book@eiji21.com

ISBN 978-89-98342-68-5 03320